ALEXANDRA ALÉVÊQUE

LES GENS NORMAUX N'EXISTENT PAS

Chroniques de *21 Jours*

Préface d'Emmanuel Carrère

Illustrations de Walter Glassof

Robert Laffont

ISBN 978-2-221-19876-6

À Marcel, Lucienne, Placide et Maurice

Préface

Philippe Lagnier est un garçon taciturne qui a beaucoup roulé sa bosse dans le monde et particulièrement en Russie, caméra à la main. Il tourne des reportages et des documentaires, parfois en qualité de réalisateur, parfois seulement comme cadreur, ces questions de statut ne l'obsèdent pas. Qu'il réalise ou non, il y a de toute façon quelque chose d'extrêmement personnel dans sa façon de cadrer, de filmer les gens, quelque chose que j'ai eu l'occasion d'observer de près mais sur quoi il m'a fallu beaucoup de temps pour mettre des mots, quand nous avons tourné ensemble, dans une triste petite ville du fin fond de la Russie, un documentaire appelé *Retour à Kotelnitch.* Nous ne savions pas où nous allions, nous ne savions pas ce que nous racontions, et même ce que nous filmions, j'en laissais l'initiative à Philippe : je rêvais de découvrir, au montage, des images dans lesquelles je ne serais presque pour rien. Commencé comme une chronique, notre film a viré à la tragédie, et nos relations avec ses personnages ont atteint un degré d'intimité à quoi, même en Russie, on ne pouvait pas s'attendre. C'est dans cette intimité augmentée par l'ivresse que j'ai découvert le secret de Philippe. Il existe autour de chaque être humain un cercle invisible, une frontière jusqu'à laquelle on peut si on est curieux et amical s'avancer, mais au-delà de laquelle l'intimité devient effraction, violence, presque viol. Ce cercle invisible, cette frontière, Philippe en a une connaissance instinctive, infaillible. Il sait jusqu'où on peut s'approcher de quelqu'un, et s'arrête pile là. C'est pourquoi, sans bien comprendre ce qui se passe, les gens qu'il filme l'aiment.

Philippe, quand il est là, est vraiment là, et à un degré rare. Quand il n'y est pas, en revanche, on peut toujours courir pour l'attraper. Il est toujours parti, toujours ailleurs. Nous ne nous voyons donc que rarement. La dernière fois, il a fait quelque chose qui ne lui ressemble pas ; lui qui s'efface derrière son travail et ne vous fera jamais l'article pour un de ses films, il m'a dit : « J'aimerais bien que tu voies une série de reportages, j'en ai réalisé certains, pas tous, mais je crois que c'est quelque chose qui te plairait. » J'étais curieux, bien sûr, il m'a donc envoyé les liens de quelques émissions de la série *21 Jours*, faites avec une journaliste que je ne connaissais pas, Alexandra Alévêque. Philippe avait raison : les premiers *21 Jours* que j'ai vus – l'un se passe dans un couvent, l'autre dans le monde du cinéma porno – m'ont plu, et tellement plu que j'en ai réclamé d'autres. Je les ai tous vus, finalement, et, excepté celui sur le porno, je les ai fait voir à

Jeanne, ma fille de dix ans, qui les a adorés aussi et dont Alexandra est devenue quelque chose comme l'héroïne dans la vie réelle.

Le principe de *21 Jours* est l'immersion. Un observateur plonge dans un milieu qu'il ne connaît pas, qu'il découvre et fait découvrir au lecteur ou au spectateur. Il y a des maîtres de cette discipline : Jack London qui a côtoyé *Le Peuple de l'abîme*, George Orwell qui, dans *Le Quai de Wigan*, a hanté les bas-fonds de l'Angleterre en crise, Florence Aubenas qui s'est faite demandeuse d'emploi et femme de ménage sur les ferry-boats du *Quai de Ouistreham*, Günter Wallraff qui a vécu le quotidien d'un immigré turc dans la prospère Allemagne de *Tête de Turc*... Il y a des maîtres, oui, mais aussi beaucoup de voyeurs, pressés de voler des images. La démarche prête le flanc à la critique : quand le milieu décrit est pauvre et humilié, comme c'est souvent le cas, on peut juger obscène d'y passer trois semaines ou même trois mois en observateur, mi-touriste mi-espion, avant de retrouver son appartement douillet et de faire agréablement frémir au spectacle de la misère d'autrui.

On témoigne, c'est vrai, mais il arrive aussi qu'on trompe, en se faisant passer pour les besoins de l'enquête pour celui ou celle qu'on n'est pas. Ma règle déontologique personnelle, a priori, serait de jouer cartes sur table, c'est-à-dire de ne pas jouer au pauvre chez les pauvres, ni au néo-nazi chez les néo-nazis. Cela dit, aucun des quatre auteurs que j'ai cités ne suit cette règle, et il ne me viendrait pas à l'idée de le leur reprocher. J'aime particulièrement, même, la façon dont Florence Aubenas ne fait pas tout un plat d'états d'âme qu'elle a forcément éprouvés, mais les résume en quelques lignes tendres et dévastatrices, à la toute fin de son livre, quand elle va retrouver ses anciennes camarades du ferry pour leur avouer que ce qu'elle a partagé avec elles, elle l'a partagé en tant que journaliste, et alors que le sort ne l'y astreignait pas.

Alexandra Alévêque, à pas mal d'égards, est le même genre de fille que Florence Aubenas. Ce qu'on appelle une grande bringue, gouailleuse, amicale, de plain-pied avec tout être humain qu'elle rencontre. Et je ne sais pas si c'est parce qu'elle partage mes scrupules déontologiques ou plus prosaïquement parce que la présence d'un cameraman à ses côtés oblige à se faire accepter pour ce qu'on est, la première chose qu'elle fait, c'est d'expliquer qu'elle est journaliste et qu'elle est là seulement pour trois semaines. Après quoi, comme elle n'entend pas être seulement observatrice mais mouiller sa chemise, elle se retrouve dans un drôle de statut : à la fois journaliste et, à l'usine, ouvrière à la chaîne ; à l'école, maîtresse auxiliaire ; sur un tournage de film porno, petite main chargée de repasser des robes qui de toute façon seront vite enlevées ; chez les bonnes sœurs, novice et incroyante (ce qui, soit dit en passant, ne gêne aucune de ses compagnes) ; à la colo, monitrice ; et parmi les aveugles, fausse aveugle, mais quand même fausse aveugle qui joue le jeu, les yeux bandés pendant trois semaines et je suis prêt à croire que, même si on est certain qu'il finira bientôt, l'exercice n'est pas une promenade de santé.

L'étonnant, c'est que ça marche. Si artificiel et mi-chair mi-poisson que puisse sembler ce dispositif, Alexandra s'en accommode avec un naturel déconcertant. Cela tient, je pense, à des qualités humaines – curiosité, humour, absence de préjugés – qu'elle partage avec Florence Aubenas, et aussi à ce sens rigoureux de la juste distance que j'essayais de décrire à propos de son complice Philippe Lagnier. Jamais elle ne prétend être autre chose que ce qu'elle est, jamais non plus elle ne toise qui que ce soit de haut. Et puis, comme me l'a dit ma fille quand je lui ai demandé pourquoi ça lui plaisait tellement, ces émissions : « Elle pose les bonnes questions. »

Le livre que vous avez entre les mains est un carnet de bord, une sorte de *making of* de ces émissions. Je ne sais pas comment on le lit si on ne les a pas vues, mais je suis certain qu'il donne envie de les voir. En le lisant, je pensais aux mémorables phrases d'ouverture du livre de Janet Malcolm, *Le Journaliste et l'Assassin* (elle parle de *non-fiction* écrite, mais cela ne vaut pas moins pour le documentaire filmé) :

« Le journaliste qui n'est ni trop bête ni trop imbu de lui-même pour regarder les choses en face le sait bien : ce qu'il fait est moralement indéfendable. Il est comme l'escroc qui se nourrit de la vanité des autres, de leur ignorance, de leur solitude : il gagne leur confiance et la trahit sans remords. Et comme la veuve crédule qui se réveille un beau matin pour constater que le charmant jeune homme s'est envolé avec ses économies, celui qui consent à devenir le sujet d'une œuvre de *non-fiction* paie au prix fort la leçon qu'il reçoit le jour de la parution de l'article ou du livre[1]. »

Ces phrases sont brillantes, elles ne sont pas forcément vraies. Il y a des journalistes qui pratiquent leur métier de façon moralement défendable, qui ne trompent pas leur monde : Alexandra Alévêque en fait partie, et une des choses qu'on pense en regardant ses films, c'est que les gens qu'elle a côtoyés, interrogés, montrés, doivent garder de l'expérience un bon souvenir, et même plus peut-être qu'un bon souvenir. Car ils ont été *vus*, vraiment *vus*, et être vraiment vu, c'est rare : c'est ce qu'il y a de plus précieux.

Emmanuel Carrère

1. *Le Journaliste de l'Assassin*, Janet Malcolm, traduit de l'anglais par Lazare Bitoun, François Bourin Éditeur, 2013.

Avant-PROPOS

Un jour de novembre 2011, on me propose d'incarner *21 Jours*, une collection documentaire qui va bouleverser ma vie. Le principe est simple : une journaliste passe trois semaines avec une communauté d'individus. Durant vingt et un jours, elle vit comme ce groupe, parfois même avec lui.

Ils sont là près de nous, nous partageons le même monde, mais qui s'intéresse vraiment aux ouvriers, aux acteurs porno, aux religieuses ou aux illettrés ? Pour dire les choses comme elles sont et parce que j'ai pu le vérifier sur le terrain, la majorité s'en fout complètement. Tous ceux que nous avons côtoyés pour les besoins de ces films sont des titres dans les journaux, une population qu'on nomme mais ne montre pas. Ces hommes et ces femmes ne sont que chair à titraille, des êtres souvent méconnus et a priori peu séduisants.

Pourtant les conversations qui ont jalonné les douze documentaires réalisés en quatre ans m'ont souvent surprise, émue ou amusée. Puissent-elles avoir eu les mêmes effets sur le public. Les personnalités croisées ont été des plus hétéroclites, tout comme les décors dans lesquels nous avons évolué. Pendant vingt et un jours, j'ai vécu au rythme des uns et des autres. Je me suis levée avec eux, j'ai effectué les mêmes gestes et parfois souffert des mêmes douleurs. J'ai habité dans leurs maisons, dormi dans leurs chambres et ri à leurs plaisanteries. Trois semaines tous ensemble, pour s'approcher au plus près de ce qui fait le quotidien des Français.

Ces documentaires constituent une photographie de notre pays, un constat non exhaustif et parfois subjectif de la société française. Ils ont été réalisés durant les premières années du quinquennat de François Hollande, à l'heure où notre nation décidait d'opérer un nouveau virage à gauche. J'ai vécu les résultats de cette élection en direct, dans le salon d'une famille d'ouvriers aussi accueillants que lepénistes. Au moment d'écrire ces lignes, une nouvelle campagne présidentielle s'ouvre. Entre-temps, la France a été meurtrie par une série d'attentats, elle a manifesté contre la loi Travail, le mariage pour tous a été voté, non sans heurts. En fin de compte pour beaucoup, rien n'a vraiment changé.

Avec les équipes qui m'ont accompagnée, nous avons avancé la curiosité chevillée au corps et sans le moindre jugement moral. La religion, le sexe ou l'argent, les soucis ou les petits bonheurs, nous avons conversé de tout, avec tous. Les pages qui suivent reviennent sur quelques-uns des films connus sous le nom de *21 Jours* et diffusés sur France 2.

J'ai conscience de n'avoir rien révolutionné. Jack London, Florence Aubenas, Françoise Giroud – et j'en passe –, les reporters qui ont fait le choix de partager la vie de leurs congénères pour mettre à jour leur réalité sont nombreux. Je n'imagine pas un instant avoir leur talent, mais l'espoir de m'inscrire dans cette noble lignée est un puissant moteur.

Tout au long de cette collection, on m'a laissée libre des thèmes abordés, de mon vocabulaire, libre de fumer à l'image, de mon accoutrement, de mes fulgurances capillaires ou de mes blagues pas toujours de haut vol. Bref, j'ai de la chance.

UN Baptême en NOIR

21 Jours est l'adaptation d'un format espagnol – *21 Días* –, un programme très apprécié dans son pays d'origine. J'en ignore jusqu'à l'existence quand Capa, l'agence de presse pour laquelle je travaille alors, décide de l'adapter en France.

À l'époque, en 2011, je suis totalement inconnue du grand public, pas vraiment un perdreau de l'année, ni très jolie et je l'espère pas si moche, journaliste depuis plus de quinze ans sans jamais avoir fait d'étincelles dans mon métier. Pourquoi avoir pensé à moi à ce moment-là ? Parce que comme souvent je viens de faire une blague idiote pour amuser mes collègues de l'agence ? À quoi tient la vie parfois ? J'ose croire que mes qualités professionnelles, ma personnalité y sont pour quelque chose et, malgré tout, j'aime cette idée de décrocher un projet magnifique à partir d'une bêtise, d'une imitation forcément ratée, je ne sais plus. Le hasard, la chance, j'ignore comment définir ce qui a souvent décidé de mon parcours. Quoi qu'il en soit, la proposition est trop belle pour que je la refuse.

Après quelques semaines d'enquête, nous arrêtons notre choix. Cette année-là, pour *21 Jours*, je partirai travailler en usine, je deviendrai aveugle et j'accompagnerai des aides-soignantes et aides à domicile auprès de malades d'Alzheimer. Je suis emballée par cette perspective à un détail près et il est de taille : dans quel ordre allons-nous tourner tous ces documentaires ? J'ai accepté de devenir aveugle durant vingt et un jours pour ressentir ce qui se passe dans la tête et le corps de ceux qui perdent la vue au cours de leur vie. Maintenant que nous entrons dans le vif du sujet, je commence à angoisser à l'idée de ne plus voir pendant des semaines, et patienter encore quelques mois avec cette perspective me terrorise. J'insiste donc pour débuter par ce tournage.

— Commençons par celui-là. Je ne tiendrai pas six mois avec cette trouille au ventre. Ce sera sûrement le plus compliqué, le plus bizarre, tout ce que vous voulez, mais par pitié, commençons par celui-là.

Malgré les mises en garde des uns et des autres sur la difficulté de ce galop d'essai, je n'en démords pas. Moi qui triture l'image depuis des années, qui ne sais faire que ça, je me lance dans cette collection en sachant que je ne verrai rien. Le noir absolu sera mon quotidien, mon nouvel outil. À moi de l'apprivoiser.

Un matin de mars 2012, l'équipe et moi nous nous rendons à la Fondation Rothschild où j'ai rendez-vous avec le médecin qui va m'occulter la vue pour trois semaines. Après un examen approfondi, il applique sur mes yeux des pansements de couleur chair utilisés habituellement en séance d'orthoptie. Je ne vois plus. Le compte à rebours est lancé.

Pourquoi avoir accepté cet enfer ? Pourquoi m'infliger ce handicap, même s'il est momentané ? Et comment vont réagir les personnes réellement non-voyantes face à ma démarche ? C'est pour elles que nous le faisons, pour leur donner la parole, pour les comprendre, entrer dans leur tête pour une fois. Que vont-elles penser de cette journaliste qui joue à être aveugle avec la certitude de recouvrer la vue ? Quand ce sera terminé, je pourrai traverser la rue à nouveau sans me poser de questions. Je reprendrai le métro, je rêvasserai à nouveau devant un coucher de soleil, je vérifierai que mon mascara ne coule pas et je regarderai les hommes dans la rue. Je vivrai comme tout le monde une fois ce tournage achevé. Toutes ces questions, nous nous les sommes posées bien sûr, Alexis, le réalisateur, et moi. Ne sommes-nous pas en train de déraper dès le premier tournage ?

Quand je sors de la Fondation Rothschild au bras de Florent, notre ingénieur du son et ma béquille pour les trois semaines à venir, dans le noir le plus complet, je sens déjà un changement physique s'opérer en moi. À partir de cet instant, je ne marcherai plus qu'à tâtons. Mon corps se crispe pour ne plus jamais se détendre, les sons s'amplifient, le moindre dénivelé au sol me semble une montagne.

Dans la voiture, en route pour mon appartement, je ne parle quasiment pas. Pour dire quoi ? Moi qui ai toujours un bon mot, une moquerie, tout ce qui peut donner l'illusion que le quotidien n'est qu'une vaste blague, je n'ai rien à dire et surtout pas l'envie immédiate d'amuser la galerie. Les garçons me demandent si je vais bien. Je murmure un petit oui. Je me sens seule, terriblement seule, enfermée dans mon corps dont je prends conscience presque pour la première fois. Me voilà prisonnière de ma grande carcasse. Cependant, je me dis que nous sommes dans le vrai et que ce que je suis en train de ressentir n'est pas feint. Mon Dieu, je n'y vois plus rien.

Les garçons m'accompagnent jusque chez moi. Cinq étages à pied. J'allume une à une chaque lampe du salon, je navigue de pièce en pièce, la main droite en avant pour ne pas me cogner. Je vis dans ce deux-pièces depuis près de quinze ans et à ma grande surprise, j'en ai mémorisé chaque centimètre. Ils sont comme enregistrés dans mon corps. Mes jambes connaissent très précisément le nombre de pas à effectuer entre la cuisine et la salle de bains, ma main se dirige automatiquement vers tel ou tel interrupteur. Ces automatismes que je ne soupçonnais pas me rassurent. Je ne sais pas encore qu'ils disparaîtront au bout d'une dizaine de jours, que je ne pourrai plus monter dans une voiture sans qu'on me dise dans quel sens elle est garée et donc quelle jambe lever la première. J'ignore que je serai incapable d'allumer ma cigarette correctement sans la noircir en son milieu.

Ces débuts m'apaisent, comme les voix d'Alexis et de Florent. Puis les garçons partent. Il faut bien qu'ils partent. La porte claque. Je me retrouve seule, je dois me débrouiller, apprendre à vivre comme eux, ceux qui n'y voient rien et dont, avouons-le, nous nous inquiétons peu, moi la première.

Je ne sais plus ce que je fais ce soir-là. Vraisemblablement pas grand-chose. J'imagine que je grignote, attablée dans ma cuisine. Peut-être que je mange un yaourt, un morceau de fromage, je ne sais plus. Il est 19 h 30 environ et j'ai encore vingt jours à tenir, dans l'obscurité la plus complète, avec un film à réaliser. Pourquoi m'être imposé cette situation impossible ? Je me demande parfois si mes parents n'ont pas créé un monstre.

Il faut vivre seule pour oser ce genre d'épreuve. Comment pourrais-je infliger une telle vie à des enfants ou à un homme, aussi aimant soit-il ? Tout est envisageable, mais je pense qu'on m'a proposé ce projet en toute connaissance de cause. Je suis libre, en tout cas, d'un point de vue pratique. Je peux partir à peu près n'importe quand, sans que cela entraîne de complications d'ordre domestique. Mes confrères masculins se posent moins de questions. Leur conjointe est là pour assurer le quotidien s'ils s'absentent trop souvent. Elles supportent ces départs répétés parfois jusqu'à l'indigestion. Et un jour, elles ne sont plus là. Combien de mes camarades ont vu leur amour plier bagage parce que les tournages devenaient une maîtresse trop accaparante ? Pour ma part et pour une fois, mon célibat forcené a un réel intérêt. Abandonner une famille ou un homme, leur imposer une femme tâtonnante à la maison pendant trois semaines n'est donc pas un souci. Ce problème est balayé, d'autres se présenteront bien assez vite.

Nous avons prévu trois caméras pour filmer mon quotidien : deux sont fixées en hauteur – une dans le salon et une autre dans la cuisine –, que je mets en route grâce à des interrupteurs placés à hauteur d'homme pour la circonstance. Avec la troisième, mobile, je peux me déplacer. Alexis et moi avons repéré quelques jours auparavant qu'en posant cette caméra sur la coiffeuse au pied de mon lit, en m'asseyant très précisément au milieu de celui-ci, on obtient un cadre digne de ce nom. Le seul détail que nous n'avions pas prévu, c'est que j'oublierais une fois sur deux d'allumer la lumière, la nuit venue, pour enregistrer mes témoignages. À quoi sert une lampe quand on ne voit pas ?

Je parle beaucoup à ces caméras durant trois semaines. Mes repas se déroulent sous leurs yeux. Face à elles, je m'ennuie, je fume – énormément –, je leur confie mes angoisses, allant même jusqu'à pleurer devant l'une d'elles quand, au bout de dix jours, je n'en peux plus de cette perte d'autonomie. Et je dors, des heures et des heures.

Il n'est pas naturel de réfléchir avec ses jambes ou ses bras. Et pourtant, voilà ce qu'entraîne la perte de la vue. L'œil devenu inutile, tout passe par le corps. Ce grand corps, qui habituellement ne fait que suivre à la lettre ce que lui indique son cerveau, se retrouve tout à coup abandonné, comme une voiture sans chauffeur. Chaque mouvement est un effort, un trottoir devient l'Everest, allumer une clope relève de l'exploit. La cécité est harassante. Je m'écroule dès qu'on m'installe dans une voiture, deux heures chez moi sans rien à faire et je sombre dans une longue sieste. Tout m'épuise.

Chaque jour a été planifié. On peut même dire que j'ai excellé dans l'art de la prévision. Je me suis concocté un emploi du temps à l'heure près. Les lieux et horaires de rendez-vous avec les personnes que nous allons suivre sont évidemment calés précisément. J'ai aussi organisé les journées durant lesquelles je n'ai pas d'entrevue, ces moments que je vais passer seule, dans le but de me frotter à l'ennui moi aussi. Je suis tellement anxieuse à l'idée des jours à venir que ce planning permet à mon entourage de savoir quasiment heure par heure où je suis et avec qui, le cas échéant. Mes amis ont un jour de visite défini. J'ai tellement peur de me perdre dans ce noir infini que, à l'image du Petit Poucet, j'ai déposé mes petits cailloux pour qu'on me retrouve dans mon obscurité.

Au-delà de la frousse du noir, j'ai terriblement peur de louper ce premier documentaire. On me confie pour la première fois les clés d'un film, pour une case de renom, et voilà que pour cette première je n'y vois rien. J'ai la sensation de m'être volontairement tiré une jolie balle dans le pied. Alexis est là, bien sûr. Il a l'habitude des tournages compliqués. Malgré tout, j'ai peur.

Cependant, aussi étrange que cela puisse paraître, la cécité a un réel avantage pour ce premier film, et pour cause : je n'ai aucune conscience de la caméra. Moi qui n'ai jamais vraiment été filmée, j'oublie totalement que je le suis en permanence. Les contingences esthétiques telles qu'un maquillage approximatif ne sont pas un problème, la caméra ne m'effraie pas puisqu'elle n'existe pas. Sans l'avoir réellement décidé, nous sommes en train de trouver le bon chemin pour mener à bien cette collection. Il faut que je reste moi-même coûte que coûte, parce que c'est grâce à cela que l'immersion et l'incarnation auront un réel intérêt. Ce sont de bien vilains termes ; toutefois, ils sont la pierre angulaire de *21 Jours*. Je suis là pour rendre compte en me fondant dans le quotidien d'inconnus, évoluant parmi eux comme je peux le faire avec mes proches. La spontanéité devient la voie à suivre. Jamais je n'interviewe mes interlocuteurs, nous discutons, simplement.

Quant à mon aspect physique, il passe au second plan. Le narcissisme n'a pas sa place dans cette série. Dorénavant, je dois m'oublier. En écrivant ces mots, des années après les faits, et alors que j'écris à la première personne jusqu'au trop-plein, je mesure cependant que je me suis trop souvent mise de côté durant cette période. Mon intimité est passée après celle des autres. J'en ai parfois payé le prix. Après certains tournages, il m'a fallu des mois pour me retrouver. Peu importe, je ne regrette rien. L'écriture est certainement la dernière étape de mon propre rassemblement.

Nous avons planifié des séances de rééducation dans un centre parisien, la Fondation Sainte-Marie. Située dans le 14e arrondissement, elle accueille chaque année des centaines de personnes ayant perdu la vue à l'âge adulte. Contrairement aux idées reçues, ils sont quatre à cinq fois plus nombreux que les aveugles de naissance. Troubles cardio-vasculaires, tumeurs ou accidents de la route plongent brutalement de nombreux Français dans le noir. La liste d'attente pour entrer à la Fondation est malheureusement impressionnante. On vient ici de la France entière pour des séjours de quelques mois. Comment distinguer les pièces de monnaie, découper un steak, boire proprement, utiliser des appareils électroménagers : tout cela, il faut le réapprendre. Alors, comme tout non-voyant en apprentissage, je participe à quelques séances durant le tournage.

En revanche, il est inutile que je commence à apprendre le braille. Ma cécité est trop récente et elle sera de courte durée. Il serait malhonnête de faire croire au public que je suis apte à suivre de tels cours. La plupart des aveugles que nous rencontrerons ont mis un temps infini à faire le deuil de leurs yeux. Ils ont passé des mois, des années pour certains, cloîtrés chez eux, attendant d'accepter cette nouvelle réalité pour entamer une réadaptation à la vie. De plus, seuls dix à quinze pour cent des non-voyants maîtrisent le braille. Alors non, je ne vais pas l'apprendre en trois semaines.

Du haut de ce handicap passager, je me fais toute petite. Ma venue à Sainte-Marie est un cap à franchir. Outre les quelques ateliers auxquels je me suis inscrite, je m'apprête à rencontrer pour la première fois depuis le début de cette expérience des personnes non-voyantes. J'utilise ici sciemment le terme d'*expérience*, parce qu'il sera assez rare dans ce récit. Pas par snobisme, mais parce qu'il me vient assez peu naturellement. Je ne veux pas que cette collection se résume à mon propre vécu, même si indéniablement, il prend une place importante dans ce film. Ma motivation première est de rencontrer des hommes et des femmes. Je passe au second plan. Et si effectivement j'expérimente leur mode de vie, quel qu'il soit, c'est pour leur donner la parole. Il apparaît comme sacrément paradoxal d'écrire cela quand on sait que je suis omniprésente dans cette collection. Mais je ne suis qu'un média, un outil de chair et d'os. Je deviens un lien entre le téléspectateur et les personnages filmés. Chacun devant son écran doit pouvoir se glisser à ma place. Une autre journaliste aurait pu incarner ces *21 Jours.* Elle serait venue avec son vocabulaire, sa propre histoire, son ressenti, le résultat aurait été différent bien sûr, mais tout aussi intéressant. Cependant, parce que c'est aujourd'hui encore mon meilleur souvenir professionnel, je n'aurais cédé ma place pour rien au monde.

Un matin, j'ai rendez-vous à Sainte-Marie avec Sandra, une jeune femme d'une vingtaine d'années. Je ne l'ai pas rencontrée avant le début du tournage, je ne l'ai pas eue au téléphone non plus. Il aurait été malvenu que je voie les uns et les autres un jour, pour finalement être dans le noir au rendez-vous suivant, sous l'œil de la caméra.

Me voilà donc au bras de Florent dans les allées de la fondation. J'avance à tâtons. Nous stoppons notre marche et Alexis me présente à Sandra. Elle a une voix douce, un accent du Jura assez prononcé. La jeune femme me propose de me guider. Elle connaît les lieux. Sa vie a basculé suite à un grave accident de la route un peu moins d'un an auparavant. Elle s'est réveillée un matin à l'hôpital, dans le noir complet. Depuis un mois, elle séjourne ici, à Paris, loin de chez elle, pour apprendre à se débrouiller seule. Elle est si jeune... Sandra m'agrippe chaleureusement et m'accompagne dans le parc. Nous commençons à discuter de tout et de rien, du soleil de mars qui chauffe nos épaules, et tout à coup les larmes me montent aux yeux. Comme une idiote, je pleure sous mes pansements. Je suis voyante, journaliste, momentanément handicapée, et elle qui passera le reste de sa vie dans l'obscurité après un accident bête, de ceux qui surviennent quand on a fait la fête entre amis, elle me prend en charge. Une aveugle me guide, moi.

Alexis nous indique un banc qu'il a repéré dans le jardin de la fondation, pour que nous puissions discuter tranquillement. Absurdité de la vie, nous nous installons tout au bout du banc quasiment sur les genoux l'une de l'autre, en en laissant une grande partie vide. Je ne me rendrai compte de la cocasserie de cette situation que quelques semaines plus tard, en salle de montage, quand j'aurai recouvré la vue. Ces visionnages seront extrêmement émouvants pour moi puisque je découvrirai alors chaque personnage de ce film.

Je vais côtoyer durant trois semaines des gens dont j'ignore absolument l'aspect physique et cela m'est complètement égal. Je n'essaie même pas d'imaginer à quoi peuvent ressembler mes interlocuteurs. Moi qui, comme toutes les femmes, suis préoccupée par mon apparence et celle de mes congénères, tout à coup je m'en moque totalement. En discutant avec les uns et les autres, je m'apercevrai que tous les non-voyants sont dans ce cas-là. La vue revenue, je découvrirai que Sandra est plutôt ronde, qu'elle est vêtue d'un jean et d'un chemisier et porte un bandeau qui retient en arrière ses cheveux mi-longs, morceau de tissu dont le but inavoué est de masquer sur son front une large cicatrice due à son accident.

Nous voilà donc sur notre banc, Sandra et moi, à bavarder comme deux vieilles copines. Elle me raconte son histoire sans la moindre réserve. Oui, elle a fait la fête avec ses amis ce soir-là. Oui, ils avaient peut-être trop bu. Et oui, elle a eu durant des mois l'envie d'en finir quand elle a su qu'elle ne récupérerait jamais la vue. La jeune femme a voulu mourir parce que vivre sans voir quand on a vingt-cinq ans était inconcevable pour elle. L'amour de ses amis et de sa famille lui ont sauvé la vie. Tandis qu'elle avance dans son récit, je m'efforce de masquer mon émotion. Je ne suis pas là pour pleurnicher, mais je mesure si bien les difficultés qu'elle rencontre à chaque instant.

Je passe toute cette journée à la fondation, partageant le dîner de Sandra et de quelques autres. Nous rions entre aveugles, renversant notre Coca et racontant des blagues de *mirauds*, comme ils disent. Je m'ouvre à eux sur la fatigue que je ressens et immédiatement, autour de la table, tout le monde s'exclame. D'après eux, les voyants ne comprennent pas cet épuisement dû à la cécité. On les traite de *feignasses*, ce qui a évidemment le don de les exaspérer. Une nouvelle fois, je mesure l'intérêt de vivre au plus près une situation. Si je ne l'avais pas expérimenté, jamais je n'aurais imaginé l'affaiblissement engendré par la perte de la vue.

Je prendrai des nouvelles de Sandra après la diffusion du film, quelques mois plus tard. Elle est rentrée chez elle, vit seule dans un petit appartement. Elle ne travaille toujours pas, c'est encore trop tôt, mais elle me dit être heureuse, ce que le ton de sa voix me confirme. J'apprends que toute sa famille était auprès d'elle pour regarder le documentaire, et qu'ils ont beaucoup aimé. Je crois même qu'elle est allée jusqu'à me remercier.

Quand je pars tourner, les heures filent vite. Totalement épuisée en rentrant à la maison, en général je m'écroule pour une longue nuit de sommeil. Et il y a les journées que nous avons volontairement laissées sans rendez-vous. Le temps s'égraine alors beaucoup plus lentement. J'ai voulu tester l'ennui, c'est réussi.

Certes, ces matinées passent assez rapidement. Le temps de préparer mon petit-déjeuner, essayant de ne pas m'ébouillanter avec mon thé ou tentant désespérément de manger un kiwi à la petite cuillère sans en mettre partout, une heure s'est écoulée. Vient ensuite le moment de prendre une douche. Là encore, tous les gestes se font au ralenti. On ne se précipite pas sur son gel douche ou un pot de crème sans être certain de ce qu'on a dans la main. Il serait judicieux que je ne me lave pas les cheveux avec un lait pour le corps, aussi efficace soit-il. Je dois ensuite m'habiller, ce qui n'est pas une mince affaire. J'avoue avoir mis de côté quelques tenues que je connais bien. Je les reconnais au toucher. Une fois vêtue, il m'arrive souvent de faire une petite sieste, anéantie par ces gestes anodins.

Les premiers jours, parce qu'on ne me l'a pas encore expliqué, l'utilisation de mon téléphone se transforme en véritable casse-tête. J'ai mis en route la fonction *Voice over*, mais je ne sais absolument pas m'en servir. Il m'est donc impossible, au début, de répondre quand mon portable sonne, ce qui m'agace prodigieusement. Je ne peux pas plus dicter mes SMS ou écouter les messages vocaux. Je peste alors, sur mon canapé, incapable d'aller vers le monde mais aussi de le laisser venir à moi.

Me voilà seule sur une île déserte.

Les après-midi de ces journées sans rendez-vous sont les plus difficiles à occuper. Malgré une seconde sieste de deux heures au moins après le déjeuner, il me reste encore un temps infini à tenir jusqu'au soir. La radio est allumée quasiment en permanence. On l'écoute toujours en faisant autre chose, quand on voit. N'être plus que deux oreilles m'est difficile. J'écoute un peu la télévision aussi, cependant les films sont souvent gâchés puisque je passe régulièrement la moitié du programme à chercher à identifier l'acteur dont j'ai reconnu la voix, mais dont le nom m'échappe. Sans personne à mes côtés pour me souffler la réponse et incapable d'aller sur Internet pour trouver l'identité de cet inconnu, je m'endors péniblement en cherchant en vain le nom de ce beau type brun qui a joué… dans quoi déjà ? Bref, je m'ennuie ferme quand je suis seule chez moi. Je m'ennuie, mais j'ai un moral d'acier, tout au moins les premiers jours.

J'ai la chance, durant toute cette période, d'être extrêmement bien entourée par ma famille, mes amis et mes camarades de travail. Sans eux, j'aurais flanché, c'est sûr. Julie, la journaliste qui m'a aidée à la préparation de presque tous les numéros de cette collection, me raccompagne quasiment chaque soir chez moi, quand ce ne sont pas les garçons qui rapportent le paquet à la maison. Julie m'aide à monter mes cinq étages à pied, nous nous enfermons alors dans la pénombre de ma salle de bains et, rituel quotidien, elle m'aide à nettoyer mes yeux et changer mes pansements. J'imaginais, naïve que je suis, que je garderais les mêmes pansements durant trois semaines. Dès le deuxième soir, je sais que cela ne sera pas possible. Les yeux me démangent terriblement. J'aurais dû m'en douter. Alors chaque soir, je passe un coton imbibé de sérum physiologique sur chacun d'eux, en les gardant bien fermés parce que je ne suis pas une tricheuse. Julie m'aide ensuite à replacer de nouveaux pansements avant de me laisser seule pour une nouvelle nuit.

Maman me téléphone souvent. N'habitant pas à Paris, elle ne peut pas me rendre visite. Elle veut savoir si sa grande fille va bien. Je sais qu'elle comprend difficilement pourquoi je m'inflige cette épreuve, me conseillant même parfois d'enlever les pansements. Qui le saura, après tout ? Moi, maman. Et ça suffit amplement. Mes amis sont également d'une bienveillance absolue. L'une me fait cuire une tranche de foie de veau pour me donner un peu d'énergie, d'autres viennent préparer un apéro à la maison, de ceux dont nous avons le secret. Enfin, mon amie Madelon m'appelle chaque jour pour s'assurer que je ne suis pas partie en fumée à cause d'un mégot mal écrasé.

À ce propos, je dois l'avouer, je triche une petite fois durant ces trois semaines de noir. Et c'est à cause d'une cigarette que je mets un coup de canif dans mon contrat de confiance personnel. Je n'arrête pas de fumer durant tout le tournage. Je n'y vois rien, je ne vais pas en plus me passer de clopes, l'abnégation a ses limites. Un matin, je suis en train de fumer dans la cuisine, pieds nus, adossée à l'évier. Tout à coup, j'entends un son tout à fait imperceptible, un *non-bruit*. Sauf qu'il a bien existé, ce son de rien du tout. Et malheureusement, je devine instantanément de quoi il s'agit. La cendre incandescente de ma cigarette est tombée sur le lino de la cuisine, j'en suis persuadée. Je suis pieds nus, le sol plastifié crame peut-être et je n'y vois rien. Après avoir pesté comme un charretier contre ma désinvolture, je dois prendre une décision. Si je fais un pas, je risque de me brûler la plante des pieds – aveugle et éclopée, la double peine –, et si je décide de passer à autre chose, je vais être obsédée par le lino en train de fondre doucement. Alors, honteuse et craignant d'être réellement aveuglée par une lumière forte et subite, je soulève délicatement un petit bout de pansement pour tenter de voir ce qui se trame au sol. J'ai rarement été aussi ridicule, je suis pourtant la seule spectatrice de ma bêtise. Il est bien au sol, le bout incandescent de ma cigarette, en train de consumer le revêtement en plastique. Je me giflerais volontiers. J'attrape aussitôt une éponge pour réparer mon idiotie et recolle mon pansement dans la foulée.

Toutes les cigarettes qui suivent, je les fume au-dessus de l'évier ou avec un cendrier sous le visage, comme un nouveau-né accroché à son bavoir.

Outre les quelques séances auxquelles je participe à Sainte-Marie, j'apprends les rudiments de la canne blanche avec Corinne, de l'Association Valentin Haüy. En France, cet établissement est le passage obligé pour tous les aveugles. Un matin, j'ai donc rendez-vous pour mon premier cours. Dire que cette initiation à la canne est extrêmement étrange pour un néophyte est un euphémisme. Je suis complètement paumée quand nous nous retrouvons dans la rue, Corinne et moi. Les bruits de la ville me perturbent, ils me semblent assourdissants alors que je ne les entends pas habituellement. J'apprends également à me laisser mener. C'est une étrange chorégraphie que celle du non-voyant et de son guide. Ce dernier a une façon bien particulière de se placer. Son corps doit se trouver quelques centimètres devant celui du non-voyant, pour prévenir des embûches. Le guidé pose sa main sur le bras du meneur et non le contraire. Tous les aveugles me l'ont dit et je m'en rends vite compte : c'est très désagréable d'être pris par le bras et embarqué on ne sait où en pleine rue. C'est celui qui ne voit pas qui décide, pas l'inverse. Attraper un aveugle au bord d'un trottoir pour l'aider à traverser, sans lui avoir demandé son avis, est une grave erreur que de nombreux voyants commettent, croyant bien faire. Ça n'est pas parce qu'on ne voit pas qu'on est forcément perdu ou totalement idiot.

Et il y a cette canne, cette satanée canne qu'il faut tenir d'une manière bien précise et qu'on balade devant soi dans une sorte de va-et-vient pour s'éviter les mille dangers de la rue. Corinne est formidable, elle sait m'expliquer les choses, sa douceur m'apaise. Surtout, elle est extrêmement curieuse de l'expérience que je suis en train de vivre. Elle qui côtoie des aveugles à longueur de journée, elle a dû s'entraîner à la canne blanche pour mieux l'appréhender, mais jamais plus d'une heure ou deux d'affilée. Les trois semaines que je vis la passionnent.

Corinne et moi marchons en général aux alentours de l'association, tout près de l'Institut national des jeunes aveugles. Ce quartier est naturellement très fréquenté par des non-voyants de tous âges, mais malgré cela, les traces au sol – des reliefs imperceptibles pour les voyants –, censées leur indiquer un passage piéton ou la proximité d'un arrêt de bus, sont très altérées. Ne pas voir en ville est une gageure, je n'ose imaginer les difficultés des personnes non-voyantes qui vivent à la campagne. Sans aide, l'isolement est la seule issue.

Je ne pensais pas découvrir autant de choses durant les séances avec Corinne. Un aveugle développe par exemple le sens des masses, c'est-à-dire qu'il sent quand il est face à un mur ou au contraire devant un espace vide. Je n'ai absolument pas développé ce sens en trois semaines, ce qui amuse Corinne. Face à la voie dans le métro, je crois être dans un couloir. Et dans la rue, le nez collé à un mur, je m'apprête à traverser. Non seulement je ne développe pas le sens des masses, mais je me rends compte également, jour après jour, que je me perds un peu plus dans mon obscurité. Sans Corinne près de moi dans la rue, je suis tellement paumée qu'il est bien évident pour elle que je ne dois jamais m'aventurer seule dehors. C'est pourtant ce que je vais faire, à la fin des trois semaines, contre l'avis de ma bienfaitrice.

Ce jour-là, l'équipe m'accompagne. Nous décidons que je me déplacerai dans mon quartier, que je connais par cœur, pour me rendre place du Docteur-Félix-Lobligeois, dans le 17e arrondissement parisien, à cinq minutes de marche de chez moi en temps normal. Il me faut ce matin-là plus d'une heure pour rejoindre ce lieu. Ayant perdu toute notion de distance, je me perds en bas de l'immeuble de la rue Clairaut dans lequel je vis depuis quinze ans. Trois pas me paraissent trente mètres. Je manque de me faire écraser, je marche dans une crotte de chien – d'un pied puis de l'autre –, j'attends pour traverser au milieu d'un trottoir et je suis rattrapée in extremis par une dame au beau milieu d'une rue, entourée d'automobilistes un peu surpris par cette kamikaze en canne blanche. Tendue comme une arbalète, j'arrive à destination épuisée par ce parcours du combattant. J'ai voulu tenter l'impossible, j'en sors miraculée et exténuée.

Après mon entrevue avec Sandra à Sainte-Marie, je fais la connaissance de Gérard. Ce père de famille d'une cinquantaine d'années a lui aussi séjourné à la fondation mais l'a quittée depuis quelques semaines quand nous nous rencontrons. Gérard a perdu la vue un an auparavant à la suite d'une intervention chirurgicale. Au cours de l'opération d'une hernie discale, il a fait plusieurs AVC. Quand il s'est réveillé, il ne voyait plus. Une lésion neurologique avait endommagé son cerveau.

Gérard vit à Calais, la ville d'origine de son épouse Dina. Le couple s'est rencontré vingt ans plus tôt, tous deux étaient alors militaires de carrière. Ils ont deux grands garçons. Dina est désormais infirmière en hôpital. Quant à Gérard, il a exercé mille métiers, de professeur de technologie à machiniste dans un sous-marin. Sa femme me le décrit comme un homme qui aimait la vie, blagueur, séduisant, motard à ses heures perdues et voyageur. Au son de sa voix, je sens qu'elle l'aime passionnément.

Quand nous nous retrouvons en ce matin de mars 2011 sur la digue de Calais, c'est un homme désespéré qui m'accueille. Depuis son accident, il a fait plusieurs tentatives de suicide. La première, avec le fil du téléphone de sa chambre d'hôpital. Si son moral n'était pas aussi bas, ce serait risible. Gérard se voit comme un chien que son épouse promène, il refuse de monter à l'arrière avec ses copains motards, il est persuadé qu'il ne voyagera plus jamais. À quoi servirait aujourd'hui de sortir de chez soi quand on ne peut plus admirer un paysage ?

Après avoir fait quelques pas jusqu'au bout de la digue, au milieu du ballet des ferries – spectacle dont je ne découvrirai la beauté que quelques semaines plus tard –, nous partons déjeuner chez Dina et Gérard. Il a préparé lui-même une salade d'endives que je mange du bout des lèvres. J'ai perdu l'appétit depuis le début du tournage et me suis allégée de trois kilos. Entre la difficulté à découper une tranche de viande et la perte du goût – une tomate n'a plus aucun intérêt quand le rouge de sa peau ne vous saute pas au visage –, je me nourris au minimum. Un des enfants du couple partage notre repas. Je sens très vite qu'ils sont heureux de la présence de notre équipe. Fiers peut-être que la télévision s'invite à leur table.

Le fils est désespéré d'avoir perdu son père autrefois si combatif. Dina n'ose plus partir travailler de peur de retrouver Gérard la tête dans le four. L'épouse aimante est toujours aussi éprise, mais son mari n'est plus, son cher amour a disparu pour toujours, croit-elle. Nous discutons des heures dans cette cuisine. J'écoute leur désespoir, j'essaie de les faire sourire en décrivant mon nouveau quotidien. Gérard et moi, nous trouvons mille points communs à nos vies de non-voyants, comme l'appétit perdu ou la fatigue permanente.

Quand je les quitte, le soir même, j'ai une boule au ventre. Que va devenir Gérard, autrefois plein de vie et désormais sec comme une vieille pomme ?

L'homme est accablé, et avec lui c'est toute une famille qui ne sait plus comment avancer.

Sur le trajet du retour que nous effectuons en voiture, nous vivons à la radio l'épilogue d'une journée interminable qui se soldera par la mort de Mohamed Merah dans un immeuble toulousain. Je me souviendrai longtemps des coups de feu entendus en direct à l'arrière de cette voiture, dans le noir, épuisée par cette longue journée. L'ambiance est morbide. Nous ne prononçons pas un mot. Émue par ces heures passées avec Gérard, me voilà maintenant choquée par cette traque, cette chasse à l'homme qu'on nous fait partager comme si nous y étions. Les événements prennent une intensité si particulière quand on les vit sans les voir. L'assaut des hommes du RAID m'angoisse, j'ai l'impression que ces coups de feu nous sont destinés, qu'on tire sur nous. J'aimerais regarder le visage d'un de mes camarades, le paysage, n'importe quoi qui me fasse oublier toute cette violence. C'est impossible pour l'instant, je suis cloîtrée dans mon propre corps et mes yeux sont fermés à double tour.

Nous retournons voir Gérard environ un mois après cette première rencontre, quand j'ai recouvré la vue. Le montage est en cours et Alexis a eu l'idée de nos retrouvailles pour clore le film. Cette décision n'est pas facile à prendre. N'est-ce pas déplacé de lui rendre visite alors que je vois à nouveau ? Gérard va suffisamment mal, ce n'est pas la peine d'en rajouter. Nous exposons notre projet au couple. Ils sont ravis de nous revoir. C'est avec joie que nous repartons pour Calais.

Le rendez-vous est fixé comme la première fois, sur le parking, face à la digue. Je découvre alors le visage de Gérard, Alexis m'ayant fermement interdit de regarder les rushes avant – ce qui n'a pas été facile pour la curieuse que je suis. Ces retrouvailles sont emplies d'émotion. J'ai la gorge serrée devant les expressions et le sourire de ce grand bonhomme qui m'attrape le bras pour que je l'accompagne sur la digue. Le spectacle est magnifique, je ne me lasserai jamais des allées et venues des bateaux qui entrent dans le port calaisien. Ce jour-là, je suis la seule à le voir. Gérard est toujours profondément déprimé, mais je sens malgré tout que quelque chose s'est passé. C'est imperceptible, mais le fait de s'être ouvert à une inconnue a visiblement débloqué des verrous en lui. Nous discutons, comme deux complices qui auraient partagé un sale moment. J'ai l'impression diffuse que notre rencontre ne lui aura pas été inutile. Ce matin-là, Alexis ne tourne que quelques plans, sublimes. La fin du film est dans la boîte.

Nous nous téléphonons régulièrement, avec Gérard, dans les mois qui suivent. Un jour, sa voix a changé. Dina et lui ont vendu leur maison du Pas-de-Calais et partent s'installer dans le Sud de la France, près de Narbonne. Le mois précédent, ils sont partis en voyage à Naples. Petit à petit, la vie reprend au sein du couple. Gérard a des envies de soleil, c'est bon signe.

Si Gérard vit mal son handicap, ce n'est pas le cas de Jérôme. Âgé d'une trentaine d'années, il a perdu la vue à l'adolescence, à cause d'une tumeur au cerveau. Marié et père d'une petite fille de deux ans, Jérôme est alors l'opposé de Gérard. Très sûr de lui, il assume sa cécité, avec laquelle il vit depuis près de vingt ans. C'est un entrepreneur-né, qui a notamment développé un système d'aide vocale pour non-voyants et produit des formats courts humoristiques pour dénoncer l'attitude des valides vis-à-vis des handicapés dans le monde du travail. Fonceur, en deux ou trois entrevues, il épuise la journaliste que je suis.

Lors de notre premier rendez-vous, je l'accompagne chez la nounou pour récupérer sa petite fille Chloé à quelques rues de chez lui, dans le 15e arrondissement de Paris. Jérôme ne marche pas, il court. L'enfant harnachée à son ventre, il file. Et moi, j'avance accrochée à son bras comme une moule à un rocher. Il n'a peur de rien et manie la canne avec dextérité, fonçant comme s'il y voyait. Une fois chez lui, Jérôme répond à ses SMS tout en écrivant un e-mail, avant de donner le bain à sa fille. Rien ne l'effraie. À deux ans, la petite est une avaleuse de produits toxiques en puissance, elle pourrait se cogner à tous les meubles de l'appartement avant de se noyer dans son bain. Tous ces dangers n'effleurent pas Jérôme, pas plus que son épouse d'ailleurs. Jérôme ne voit pas les embûches, ça ne l'empêche pas d'être un père merveilleux.

C'est moi, la voyante, qui suis effrayée, pas lui. En quelques heures, il me prouve qu'un parent qui ne voit pas est parfaitement capable d'élever un enfant.

Dans le métro, que nous prenons ensemble quelques jours plus tard, je suis encore à la traîne derrière Jérôme. Je crois ne jamais avoir eu aussi peur. Je mesure à cette occasion que ce mode de transport n'est absolument pas fait pour faciliter la vie des handicapés en général et des aveugles en particulier. Les couloirs sont truffés d'escaliers et quelques marches, pour un non-voyant néophyte comme moi, sont toujours la promesse d'une chute imminente. Il n'y a pas assez d'ascenseurs ou d'escalators, les gens marchent vite, vous bousculent. C'est l'enfer. Je supplie Jérôme de ralentir, ce qui le fait rire et le pousse à accélérer.

Mon guide aveugle connaît plusieurs lignes de métro par cœur. Il compte donc le nombre d'arrêts avant un éventuel changement. Dans certaines stations inconnues de Jérôme, une annonce vocale nous aide à nous repérer. Quand il n'y en a pas, c'est-à-dire la majorité du temps, il faut se débrouiller. Qu'à cela ne tienne, Jérôme demande son chemin aux passants et c'est reparti pour une course folle. Au détour d'un couloir, nous passons devant un chanteur qui entonne un air de Stevie Wonder. Évidemment, ça nous amuse follement.

Quelques jours plus tard, nous quittons la capitale pour un week-end que j'espère plus calme, à tort. Originaire de Reims, Jérôme est un fervent supporter du club de foot local. Je l'accompagne donc au stade Auguste-Delaune un soir de match. Je n'éprouve pour ce sport absolument aucun intérêt. J'ai dû assister à une seule rencontre avant d'accompagner Jérôme ce soir-là et j'ai suivi la Coupe du monde en 1998, comme tout le monde. Non seulement je me fous du foot, mais je ressens également une certaine appréhension à me retrouver au milieu de cette foule hurlante. Sur place, les cornes de brume m'agressent les tympans, j'ai très peur de me faire bousculer dans les gradins. Je préférerais être quelqu'un d'autre et ailleurs ce soir-là.

Par je ne sais quel miracle, je passe une soirée formidable. Assise près de Jérôme et Corinne, son épouse, qui excelle en commentaires sportifs, je m'amuse comme une petite folle. Corinne est incroyable. Élevée dans une famille de garçons et mariée à ce fervent supporter, elle connaît tous les joueurs des deux équipes et détaille en direct les actions à son mari, qui vit donc le match comme autrefois, quand il y voyait. L'enthousiasme de Jérôme m'amuse autant qu'il m'émeut. L'euphorie qui règne dans le stade me fait oublier mes craintes. Les gens crient, chantent, pourtant ce vacarme me fait du bien. Coup de chance, Reims joue superbement ce soir-là. À chaque but marqué par son équipe, Jérôme me fait lever du banc, les bras en l'air. Je m'imagine dans les gradins, une écharpe rouge et blanche autour du cou, en train d'acclamer une équipe dont je connaissais à peine l'existence quelques jours auparavant. On aura tout vu.

S'il en fallait la preuve, Jérôme nous démontre qu'on peut être handicapé et partager des moments de liesse populaire, noyé dans une foule de valides. Surtout, je comprends d'où il tire sa force. Après la rencontre, il me confie que ce sport l'a sorti de la profonde dépression qui l'a frappé à l'adolescence, après la perte de la vue. Assister aux matchs lui a permis de garder une activité commune avec son père, un langage familier et pudique. Grâce au foot, il fait toujours partie d'un groupe de valides et ne s'en laisserait exclure pour rien au monde. Comme Gérard, Jérôme a connu des moments de faiblesse, il n'a pas toujours foncé tête baissée. Il a dû lutter contre la maladie mais aussi assumer ce handicap à un âge où l'on ne pense qu'à s'amuser. La cécité l'a obligé à quitter Reims pour Paris et l'Institut national des jeunes aveugles. Elle le coupait de ses racines en plus de le plonger dans l'obscurité. Mais il a dépassé ses peurs, a survécu au décès de sa mère adorée et mené sa vie sans être sans cesse pris par la main. Il a réussi à entreprendre quand sa famille entière vacillait à cause des galères d'un frère tombé dans la drogue. La force de caractère de Jérôme est épatante. Elle me touche d'autant plus que, durant ce tournage, je vis quelques jolis moments de déprime. Dépression flash, mais intense.

Dix jours après avoir commencé le tournage, je suis très affaiblie et la dépendance commence à me peser. Une fois qu'on m'a raccompagnée chez moi, je n'en bouge plus. Je suis incapable de sortir sans aide. Plus de cinéma, plus de sorties au café, fini les rendez-vous improvisés. Le moindre trajet à pied m'épuise, je déteste les camions trop bruyants, je hais les perceuses, bétonnières et autres engins sonores. Les trottoirs parisiens sont semés d'embûches. J'ai totalement perdu l'appétit. C'est à croire que les portes de mon appartement ont été déplacées, désormais je me cogne sans cesse aux chambranles. Et mon visage, à quoi est-ce qu'il ressemble ? Je ne sais plus, j'ai la sensation d'avoir tout oublié. Au dixième jour, à mi-parcours exactement, je suis une loque, épuisée moralement et physiquement. La cécité m'a prise par surprise, même si elle était programmée. On ne peut se préparer à une telle épreuve. En outre, elle est trop récente pour que j'aie eu le temps de m'y habituer. C'est même tout le contraire. Plus les jours passent et plus je me perds.

Fatiguée, démoralisée, seule chez moi, je n'en peux plus. Un matin, je confie à la caméra ce sentiment insupportable d'avoir perdu toute autonomie. Je fonds en larmes. Alexandra qui épate tout le monde depuis dix jours pleure comme une enfant, seule dans sa chambre. Celle qui va recouvrer la vue dans dix petits jours fait un caprice parce que madame ne peut plus sortir toute seule. Je m'en veux un peu de cet abattement que je n'ai pas senti arriver. Cependant, les larmes ont du bon parfois. Elles sont rares chez moi, peut-être est-ce pour cela qu'elles me font tant de bien ce jour-là. Ce sont des larmes de fatigue, d'usure, il n'y a pas de tristesse dans mon désarroi. Je vis un moment rare, le chagrin n'y a pas sa place. Après avoir pleuré un bon coup, je repars de plus belle. Je n'ai pas le droit de flancher maintenant.

Peu avant la fin de ce parcours du combattant, je fais une dernière rencontre, et pas des moindres. Emmie a cinq ans quand nous allons lui rendre visite chez elle, à Clermont-Ferrand. La petite est aveugle de naissance. Je l'ai eue au téléphone une fois, avant le début du tournage. La vivacité de cette enfant m'a impressionnée. C'est jeune, cinq ans. Et pourtant, elle a très bien compris pourquoi je venais la voir. Emmie va m'expliquer, simplement, comment elle se débrouille à la maison, à l'école, comment elle joue avec sa sœur aînée, Sarah. En revanche, j'ai encore un doute à la veille de notre venue. Est-ce qu'elle a bien compris durant notre échange téléphonique que je suis momentanément privée de la vue ? Ses parents lui ont eux aussi expliqué notre démarche, je crois qu'elle s'en fiche un peu. Elle a aimé ma grosse voix au téléphone, elle va me présenter ses copines de classe et me montrer ses jouets. Pour le reste, nous verrons bien.

Le chemin qui mène jusqu'à cette enfant est une épopée. À Clermont-Ferrand, nous passons une nuit à l'hôtel, ce qui en soi n'est pas une grande aventure. Sauf que, n'y voyant rien, je me retrouve dans un lieu totalement inconnu, dans lequel je dois me laver, m'habiller, en évitant au maximum de demander à Florent et Jérôme, les garçons de mon équipe, de m'aider. Ils me font visiter ma chambre dans les moindres détails : emplacement de ma valise, du lit, de la porte, fonctionnement de la douche. J'enregistre tout cela au galop et avec une certaine appréhension. Une peur un peu vaine puisque, finalement, je me débrouille comme un chef.

Nous avons rendez-vous avec Emmie le lendemain dans la cour de son école maternelle. Quand je me présente à elle, je lui fais immédiatement toucher les pansements qui couvrent mes yeux pour qu'elle saisisse bien que, moi non plus, je ne vois pas et qu'elle va devoir me guider dans les couloirs de son école. L'enfant est ravie. Notre présence bouleverse l'ordinaire et il semble évident qu'elle aime les rencontres.

Je me retrouve assise dans une salle de classe, entourée de petits très excités par ma présence et celle de la caméra. Naturellement, ils me racontent leur quotidien avec leur copine Emmie. C'est vrai qu'elle ne voit pas, mais sa cécité, qui passe alors pour un détail, ne les empêche pas de discuter ou de jouer dans la cour de récréation. Bavarder, Emmie sait faire. L'enfant est un moulin à paroles, c'est sa nature, mais peut-être aussi une manière d'affirmer sa présence. L'attitude de cette petite fille m'impressionne encore des années après. Elle est drôle, vivante, suit les activités scolaires aussi bien que ses camarades, même si elle est accompagnée en permanence d'une aide à la vie scolaire, en renfort de l'institutrice.

À l'école comme chez elle, où nous passons la soirée, Emmie parle sans discontinuer. Elle me décrit sa chambre, me présente ses poupées, comme le feraient toutes les petites filles. On en oublierait presque le handicap de cette enfant si ses parents n'étaient là pour compléter l'histoire. Julien et Virginie ont vu le ciel leur tomber sur la tête quand ils ont appris la cécité de leur fille, alors qu'elle n'avait que quelques mois. Depuis, ils se sont battus pour qu'elle soit acceptée dans une école classique et qu'elle vive comme tous les enfants de son âge. L'émotion est palpable quand ils me racontent, à la fin du repas, la lutte acharnée qu'ils ont dû mener pour accepter l'inacceptable. Pourquoi eux ? Pourquoi Emmie ?

Ils ont hérité de cette catastrophe et ont dû faire avec. Il leur a fallu élever Emmie sans pour autant oublier Sarah, leur fille aînée. Ils ont dû apprendre à leur enfant plongée dans le noir à marcher, à manger proprement, il a fallu lui expliquer les arbres et les papillons, le papier alu du Kiri et l'escalier qui mène à sa chambre, lui montrer comment ne pas se fracasser le front au moindre trottoir, comment se faire des amis, lui rappeler de ne pas balancer sa tête d'avant en arrière en permanence. Enfin, ils ont dû être suffisamment forts pour ne pas fondre en larmes quand la vie était vraiment trop compliquée.

Quelques mois après notre visite, toute la famille a déménagé dans la région nantaise pour scolariser

Emmie dans un établissement spécialisé, au moment de son entrée en primaire. Sarah, sa grande sœur, a dû quitter ses copains, Julien et Virginie aussi. Quant à moi, j'ai envoyé un petit colis à Emmie. À l'intérieur, j'ai glissé ma canne blanche et mon réveil vocal. Elle en aura plus besoin que moi.

Trois semaines ont passé. Maintenant que ce tournage touche à sa fin, j'ai l'impression que le temps s'est écoulé rapidement. On oublie vite les périodes d'ennui ou de déprime quand elles appartiennent au passé. Je retourne à la Fondation Rothschild et le médecin qui m'a plongée dans le noir vingt et un jours plus tôt retire définitivement les pansements de mes yeux. J'attends ce moment avec impatience. Je vais voir, enfin. Revoir mes amis, ma famille, les paysages, les garçons dans la rue, mon steak, mon journal, mon visage, mon appartement, et surtout je vais enfin découvrir tous ceux que j'ai côtoyés durant des jours.

Que se passe t-il dans ma tête quand je vois à nouveau ? Suis-je émue, heureuse, libérée ou bouleversée ? J'ai en mémoire des sensations physiques. Ma tête tourne, je titube un jour ou deux, comme si j'étais saoule sans avoir bu une goutte d'alcool. Je suis affaiblie par les quelques kilos perdus en route. Au risque d'être un peu décevante, dès le lendemain la vie reprend son cours presque normalement. Je ne m'émerveille pas devant la beauté de la nature. Non, je retrouve mes habitudes, c'est idiot, je le sais, assez peu flamboyant, avouons-le. La vue est là à nouveau, comme si elle n'avait jamais disparu. Le retour de la routine est immédiat, comme si le quotidien n'avait pas été malmené. J'ai torturé mon corps et mon esprit durant des jours, mais le bonheur de retrouver mes yeux prend le dessus, me laissant croire que tout rentre dans l'ordre, sans heurts. Je ne sais pas encore qu'il me faudra quelques mois pour me remettre vraiment. La fatigue et le stress dus à ce premier tournage dans l'obscurité, l'émotion engendrée par certaines rencontres m'ont touchée bien plus que je ne l'imaginais.

À peine ai-je quitté mes œillères que je saute dans un taxi et me précipite en salle de montage où Alexis et Marie, la monteuse, œuvrent depuis quelques jours. En chemin, je dévore le paysage, la traversée de la Seine, cette ville si belle, mais au fond de moi, je désire plus que tout poser mes yeux sur des visages. Je ressens également le besoin de me rassurer, de vérifier que nous avons bien travaillé. Après de furieuses embrassades avec mes camarades, je les découvre enfin : Emmie, Sandra, Jérôme et tous les autres sont là sur l'écran. Je vocifère dans la petite salle, entre épuisement, excitation et émotion. Je me regarde, moi, dans cet exercice si étrange. Je me vois tâtonner derrière les lunettes de soleil qui ne m'ont pas quittée durant tant de jours, et je prends conscience d'un élément primordial pour la suite : la personne que je vois ne joue pas la comédie, elle est normale, coiffée approximativement, inconsciente de la caméra braquée sur elle, et l'on y croit.

Devant ces premières images, celle que je vois est une autre. Le regard que je pose sur cette ébauche de montage est critique, distancié. Je le veux comme tel en tout cas, sous peine de devenir totalement schizophrène. Quoi qu'il en soit, c'est ça qu'il faut conserver pour la suite : le naturel. Ne pas s'écouter poser des questions, s'oublier et simplement discuter avec les uns et les autres pour les amener à se raconter. Voilà ce qu'est mon travail.

LE RESSORT Comtois

Depuis que nous avons lancé cette collection, un thème revient sans cesse dans nos discussions : la vie en usine. Il correspondrait parfaitement à la forme de tournage que nous sommes en train de mettre en place. Nous avons le sentiment, à raison, je le comprendrai vite, que les ouvriers sont grandement délaissés par les médias. On évoque à longueur de journaux télévisés le chômage, les licenciements et les piquets de grève, on cite Carlos Ghosn ou les patrons du MEDEF, mais on parle trop rarement des hommes et des femmes qui bossent en usine. La représentation du monde ouvrier apparaît comme totalement déshumanisée et pourtant ils sont encore six millions, bien vivants, à l'incarner. Il ne nous semble pas aberrant de nous intéresser à eux. Reste à décider où aller.

Nous perdons un peu de temps à prospecter dans l'industrie agroalimentaire – et pourtant j'en rêvais –, car les fabricants de boîtes de petits pois ou de poisson pané appartiennent quasiment tous à de grands groupes, frileux par nature et dotés de services de communication pléthoriques, mais néanmoins lents à nous répondre. Quand ça sent l'embrouille dès le départ, en général, ce n'est pas bon signe. De plus, nous ne tournons pas un documentaire d'investigation sur leurs méthodes de travail. Nous, ce sont les hommes qui nous intéressent, quoi qu'ils fabriquent. Adieu les conserves, saucisses et autres sardines à l'huile. Peut-être faut-il orienter notre recherche vers une région et non un secteur industriel.

Très vite, le sort du Nord de la France nous interpelle. Les chiffres parlent d'eux-mêmes. Désindustrialisation, chômage monstre… Cet ancien bastion du monde ouvrier, fleuron de la métallurgie et du textile, rame depuis de nombreuses années. Problème, à longueur de reportages, les habitants du Nord sont les dindons de la farce, je ne suis pas sûre d'avoir envie d'ajouter ma pierre à leur fragile édifice.

Julie et moi hésitons longuement jusqu'à ce que l'évidence nous saute enfin aux yeux : le secteur automobile est idéal. En France, au moins deux entreprises font partie de l'imaginaire collectif. Les chaînes de montage chez Peugeot ou Renault sont des images connues de tous, la voiture fait partie de notre vie, qu'on le veuille ou non. Ces géants mondiaux emploient encore des milliers de salariés, même si en France les effectifs fondent comme neige au soleil. Production externalisée, sous-traitants qui boivent la tasse, utilisation massive d'intérimaires mais aussi pénibilité du travail, nous sommes en présence d'un secteur représentatif des maux qui frappent les ouvriers depuis quelques décennies. Elle est là, notre quête. Montrer le quotidien de ceux qui travaillent tout en décrivant, de leur point de vue, les grandes mutations du monde industriel.

Nous décidons de cibler les sous-traitants du secteur. Ils subissent de plein fouet les aléas de la mondialisation, la baisse des commandes et autres jours chômés. Nous y trouverons des sociétés à taille humaine et, avec un peu de chance, nous n'aurons pas une attachée de presse sur le dos en permanence. D'ailleurs, l'entreprise qui répond favorablement à notre demande ne possède pas de service de communication. Le directeur discute directement avec nous et accepte rapidement de m'embaucher.

L'usine Sideo de Vermondans, dans le Doubs, à quelques kilomètres de Sochaux, existe depuis 1920. Même si elle a été rachetée par un groupe allemand quelques années auparavant, c'est l'usine du coin, dans une toute petite ville. Une boîte d'une soixantaine de salariés qui nous semble représenter assez justement la vie des ouvriers aujourd'hui. On y fabrique des pièces métalliques, en majeure partie pour l'industrie automobile. La société est liée à Peugeot et à sa santé fragile. Quand le géant s'enrhume, on tousse chez Sideo. Le battement d'ailes d'un papillon en Chine ou en Inde provoque un ouragan à Vermondans.

La période n'est pas anodine. En ce début d'année 2012, nous sommes en pleine campagne présidentielle. Avec l'accord d'Anne et Fabrice, nos interlocuteurs à France 2, nous attendons donc la fin du mois d'avril pour partir dans le Doubs, afin d'être présents lors du deuxième tour de l'élection. C'est peut-être une fausse bonne idée, nous verrons bien, mais le duel Sarkozy-Hollande et la montée en puissance de Marine Le Pen pourraient constituer une bonne toile de fond.

L'usine qui m'embauche ne me versera aucun salaire pour mon travail et j'ai l'assurance de ne prendre la place de personne. Je suis simplement et momentanément une employée de plus. Mes futurs collègues sont tous originaires de la région, il n'y a que des CDI, pas d'intérimaires et aucun CDD. Sideo a adopté une politique d'embauche qui vise à protéger au maximum ses salariés, tant que les commandes le permettent.

Chez PSA en revanche, il y a une foule d'intérimaires, dont beaucoup viennent de loin. Pour limiter leurs frais, ils partagent des appartements ou louent des studios en foyer de travailleurs. J'opte pour cette dernière solution. J'aurais pu rentrer au chaud à l'hôtel avec mes camarades Alexis et Florent, mais il nous a semblé que c'eût été un peu trop éloigné de la réalité. Je m'installe donc dans un studio à quelques kilomètres de mon usine, avec une vue imprenable sur le site de PSA à Sochaux. Paysage industriel s'il en est, je vais vivre vingt et un jours au cœur du réacteur. Peugeot est une ville dans la ville et c'est loin d'être un cliché. D'ailleurs, pour ceux qui ne connaissent pas la région, la découverte des lieux est surprenante.

Le cœur de Sochaux, c'est une longue rue principale, la départementale 613, qui frôle le musée Peugeot, passe devant mon foyer puis en face de l'hôtel où dorment les garçons – le plus chic de la ville, celui qui reçoit les ingénieurs en visite chez le constructeur. Enfin, sur des kilomètres, cette route longe le joyau de la région : l'usine PSA. Le stade de foot Auguste-Bonal a été construit dans son enceinte, son histoire étant intimement liée à celle de la famille Peugeot. Tout ici rappelle l'automobile. Chaque famille a un père, un cousin qui a travaillé ou embauche encore à *la Peuge*, comme on dit. Des quartiers résidentiels ont poussé ici ou là, pour loger les employés au gré du développement de l'entreprise. Sochaux a l'odeur des voitures neuves, mais la nostalgie de la grande époque est flagrante le long de cette grande rue. C'est donc ici que je dormirai durant trois semaines, dans une chambre avec vue, propre et fonctionnelle.

Je n'ai jamais travaillé en usine, même le temps d'un été. Mon grand-père paternel a été ouvrier toute sa vie, mais il est mort quand j'étais enfant, trop tôt pour me raconter ses souvenirs. Quant à mon grand-père maternel, il a terminé sa carrière comme dessinateur industriel à la Compagnie des mines de Montceau, en Saône-et-Loire. Le décor y était, mais pas la fonction. J'intègre donc un univers qui m'est totalement inconnu. Je ne sais que ce que j'en ai lu dans les journaux.

Le matin de mon embauche, on m'a demandé de venir tard, à 7 heures, pour que Christiane, la directrice des ressources humaines, puisse m'accueillir. Dès le lendemain en revanche, je débuterai à 5 heures avec l'équipe du matin. À mon arrivée, Christiane me fournit mon uniforme : une blouse bleue, trop grande, des chaussures de sécurité, affreuses. Bienvenue à l'usine. Elle me confie également une carte nominative que je dois passer dans la badgeuse comme tout le monde, en prenant et en quittant mon poste. Mon nom s'inscrit sur la machine et cela me fait un immense plaisir. Je fais désormais partie de l'entreprise, ça n'est pas une vue de l'esprit puisque c'est écrit en lettres lumineuses.

Je dépose mes affaires personnelles dans un vestiaire vieillot avant de rejoindre mon atelier. Sur mon chemin, je salue tous ceux que je croise. Je sens bien qu'on m'observe du coin de l'œil, d'un regard curieux teinté de méfiance. Forcément, je détonne dans cet environnement. Personne ne me connaît, je suis précédée d'un type qui tient une caméra et d'un autre armé d'une très longue perche. J'ai beau porter la même blouse que les autres, je tombe ici comme un cheveu sur la soupe. Je n'en mène pas large. Tous travaillent depuis plus de deux heures, je dois vite m'y mettre, rentrer dans le rang.

— Bonjour madame ! Bonjour monsieur !

J'aurais pu trouver mieux pour nouer le contact. Maman m'a toujours appris qu'on ne disait pas simplement *bonjour*, sans y accoler *monsieur* ou *madame*. J'ai l'air d'une cruche trop bien élevée à cet instant précis. Voilà ce qui s'appelle louper son entrée.

On me présente le chef d'atelier, un jeune homme d'une trentaine d'années, sympathique et amusé de ma présence. Avec lui, chaque soir, je ferai le point sur ma productivité, souvent désastreuse. Dans l'immédiat, il me montre le premier poste que je vais occuper : une soudeuse imposante d'au moins trois mètres sur trois. Ma tâche pour cette matinée consiste à fabriquer des centaines de pièces en assemblant plusieurs unités métalliques. Le nombre de pièces annoncées est énorme. J'ai peur de ne pas avoir suffisamment écouté les explications, je crains de faire une bêtise, de coincer la machine, de tout casser. J'ai la sensation d'être comme une poule devant un couteau, je sens des regards sur moi et on ricane derrière les machines. Vivement la pause que je puisse échanger avec mes collègues, parce que pour le moment j'ai l'impression de me donner en spectacle, ce qui ne doit pas les déranger vu la rareté des divertissements à l'usine. L'endroit est bruyant, même si je m'attendais à pire. En fait, ce soir, de retour dans mon studio, je devrai m'allonger deux heures dans le noir complet pour faire passer une migraine carabinée, moi qui n'en souffre jamais.

Tant bien que mal, je commence donc à souder. Évidemment, je ne vais pas assez vite, l'engin m'est inconnu et je suis surtout angoissée à l'idée de faire un geste de travers. On m'a fourni des gants pour éviter que je ne me blesse. Ils me semblent être un bouclier bien frêle. Tout est danger ici. On peut se brûler, se couper ou simplement se cogner à tout moment. Toutes les machines sont équipées d'un système de sécurité qui, m'a-t-on dit, arrête net le système en cas d'anomalie. En cette première journée, cela m'effraie plus que ça ne me rassure. Je ne comprends pas comment fonctionnent ces masses froides, lourdes et bruyantes. Et pourtant, je dois faire corps avec elles. Le bruit est permanent, il faut travailler rapidement, acquérir une habileté qui peine à venir. Il faudra bien que je les amadoue, ces machines, ces étrangères, si je veux en faire mes alliées.

Vers 8 heures 45 vient le signal de la pause du matin. Cette alarme rythmera désormais mes journées. Dès qu'elle retentit, tous quittent leur poste pour se rendre à quelques mètres, dans un petit coin de l'atelier où sont installés une table, quelques chaises et une machine à café. Il y a là Christian, Gilbert, Guy, Pierrot et Carole. Entre une banane pour les uns et un yaourt pour les autres, chacun est concentré sur son casse-croûte. Nous ne perturbons visiblement pas ce rite. Nous discutons et la présence de l'équipe est imperceptible. Ils sont avec moi, leur nouvelle collègue, tous s'expriment librement, personne n'essaie de faire des phrases à rallonge en présence des Parisiens. Quand je leur demande ce qu'ils pensent de mon arrivée parmi eux, ils semblent d'abord prendre ça à la légère. Je ne les dérange pas, rien de plus. Si je ne les perturbe pas, je mesure toutefois qu'ils sont un peu intimidés.

C'est Carole qui se jette à l'eau la première. La jeune femme d'une trentaine d'années m'explique trouver notre projet intéressant pour leurs enfants. Enfin ils comprendront où vont leurs parents quand ils quittent la maison à l'aube. Cette réponse sobre me pique au vif. Je suis là pour montrer au public à quoi ressemble le quotidien dans une usine et je n'ai jamais songé à la manière dont les ouvriers le racontent ou non à leurs proches. Je n'ai pas pensé aux petits, aux discussions le soir à la maison. Carole est heureuse que nous soyons là, cela lui paraît utile. Elle pense que si ses enfants voient notre documentaire, ils travailleront probablement mieux à l'école. Peut-être même auront-ils une vie meilleure que leurs parents. Ces quelques phrases très intimes m'en disent beaucoup sur la manière dont ils se perçoivent. Je l'entendrai régulièrement : tous sont fiers de leur outil de travail, heureux d'avoir un salaire, ils aiment leur usine et leurs collègues, mais ne tirent aucune fierté de leur condition sociale.

Au cours de cette conversation, Carole me confie encore qu'elle n'a plus de rêves. Selon elle, c'est même devenu un luxe. Alors que son époux et elle sont salariés de cette même entreprise, tous les deux en CDI, ils ne croient plus en l'avenir. Elle m'avoue travailler pour son fils, pas pour son couple. Tout sera pour lui. Carole et son mari n'ont pas les moyens de s'offrir la maison *de leurs rêves* justement, alors que les parents de la jeune femme lui ont légué un petit terrain à bâtir dans les environs. Les mots très durs qu'elle prononce de sa voix pourtant si douce me vont droit au cœur. Même protégée par un contrat de travail, à trente-quatre ans, elle n'y croit plus. Elle a peur de perdre son emploi, si les ventes d'automobiles françaises continuent à décliner, si on persiste à vendre à bas prix des voitures fabriquées à l'étranger, là où la main-d'œuvre coûte moins cher que chez nous. Je n'ai pourtant pas l'impression que Carole gagne des fortunes. Les ouvriers que je côtoie sont la cinquième roue du carrosse, ils ne sont pris en compte qu'en fin de processus, quand on fait les comptes. La face cachée du capitalisme est assise près de moi autour de cette table. Celle qui construit de ses mains des biens dont les prix sont fixés ailleurs, par des actionnaires qui n'ont jamais vu une soudeuse de leur vie. D'ailleurs, à quoi cela servirait-il ? Mes collègues n'assistent pas aux comités de surveillance de leur entreprise. Chacun son rôle. Il n'empêche qu'en bout de course, quand leurs supérieurs ont rendu des comptes à leur propre hiérarchie, jusqu'au plus haut de la pyramide, c'est finalement sur leurs épaules que les problèmes s'amoncellent, inexorablement.

Quinze minutes de pause se sont écoulées. La sonnerie retentit à nouveau et, au milieu d'une phrase, ils se lèvent tous pour regagner leur poste. Je les regarde s'éloigner, un peu éberluée. Et pourtant, très vite, je vais moi aussi acquérir cet automatisme. C'est fou la rapidité avec laquelle on adopte de nouvelles habitudes. Quelques heures dans cet environnement avec des personnes inconnues et voilà qu'à mon tour je me plie à leurs règles. Une sonnerie et je me lève. Une pointeuse et je sors mon badge. Au moment de la pause, je me rue vers la machine à café. Face à mes différents postes de travail, je réagirai de manière similaire. Deux jours consécutifs devant la même machine et je sais où trouver les pièces, où les remiser, comment mettre en route et éteindre mon outil de travail. Ces réflexes sont à chaque fois étonnants mais aussi un peu effrayants, dans ce cadre en tout cas. Je ne peux m'empêcher de penser à Charlie Chaplin dans *Les Temps modernes.* L'usine dans laquelle je travaille est bien plus petite que celle du film, plus humaine, mais malgré tout je me remémore ce pauvre Charlot déprimé, en *burn-out* avant que ce terme ne devienne à la mode, face à une vie réglée comme du papier à musique. L'habitude poussée jusqu'à l'aliénation devient banalité. Le chemin est balisé, il suffit de se laisser porter, sans la moindre réflexion. En d'autres temps et en d'autres lieux, la banalité du mal a fait ses preuves. Des hommes ont pu commettre les pires crimes parce qu'ils suivaient une ligne directrice si bien tracée qu'elle ne demandait qu'à être adoptée. À l'usine, pas de pouvoir totalitaire mais une hiérarchie respectée, des horaires fixes, des gestes précis pour que la tâche soit effectuée correctement. L'aliénation au travail, quel que soit son degré, porte ses fruits chaque jour et dans les usines du monde entier.

Cette première conversation nous fait dire, à Alexis et moi, que nous sommes au bon endroit dans cette petite entreprise, avec ces hommes et ces femmes que nous découvrons peu à peu.

Mes nouveaux camarades apprécient que je sois venue pour travailler avec eux et pas seulement pour les observer. Une sensation qui se confirmera quand ils verront que j'arrive et repars à la même heure qu'eux, que je ne vole pas quelques minutes sur le quart d'heure de pause ou encore que je continue à venir, même en l'absence de l'équipe de tournage. Par habitude, pour les douze films qui constitueront cette collection, je reste seule quelques jours, en deuxième semaine. Quand les garçons ne sont pas là, je viens donc équipée d'une petite caméra, très facile d'utilisation vu mes connaissances médiocres en réalisation. Je filme alors mes collègues dans les vestiaires, durant les pauses, à la sortie de l'usine. Quand j'arrive seule la première fois, l'attitude de mes compagnons d'atelier est surprenante. Ils s'étonnent de l'absence de l'équipe, un peu déçus visiblement de ne pas retrouver notre groupe au grand complet. Au fil des rencontres, je retrouverai cette réaction chez nos interlocuteurs. Oui, je viens quand même, malgré l'absence de la caméra. C'est normal. Je ne voyais pas pour *21 jours à l'aveugle*, même chez moi. Et je suis à mon poste à l'usine chaque jour, même si le reste de l'équipe est momentanément à Paris. Ce choix n'a rien d'héroïque. C'est une décision que nous avons prise dès le départ. Une immersion ne se fait pas en pointillé.

Après quelques jours, j'éprouve une étrange sensation. Je fais ce métier de journaliste depuis une quinzaine d'années et je l'ai toujours exercé d'une manière classique, d'un point de vue pratique, si on part du principe que le positionnement de l'équipe filmante est immuable. Ma place, celle du poseur de questions, est à côté du réalisateur, celui qui porte la caméra. Elle est même un peu en retrait, un petit pas derrière lui. Le journaliste est invisible, ses interrogations sont plutôt courtes, on doit pouvoir les gommer au montage. Cette fois c'est différent, puisque je suis devant le réalisateur, parfois à plusieurs mètres de lui. Ma cécité sur le tournage précédent ne m'a pas réellement permis d'en prendre conscience. À l'usine, cela me saute aux yeux. Durant tous ces tournages, je ne fais pas partie de la bulle des filmeurs, mais de celle des filmés. Ce nouveau positionnement n'a rien d'anecdotique. Il m'arrive désormais de tourner le dos au réalisateur qui m'accompagne, je ne suis plus collée à lui, comme un siamois indissociable. Je change de camp, incapable d'échanger avec mon acolyte, ce que je fais d'ordinaire d'un simple frôlement du bras qui indique mon intérêt pour une action voisine ou marque le signal de fin d'une interview. Contrairement à nos habitudes, les objets filmés deviennent *les miens,* mon équipe étant désormais *les autres.*

La proximité physique avec mes interlocuteurs permet les œillades, le toucher, nous voyons les mêmes choses au même moment, respirons la même petite fumée qui s'échappe de la soudeuse à chaque pièce terminée. Ce placement inédit permet de gagner en vérité, puisque mon corps et mon esprit, je l'espère, sont au cœur de l'action.

Ma présence non feinte dans la communauté des filmés porte ses fruits. Je suis de leur côté, nous conversons, nous plaisantons parfois sans vraiment faire attention à cette drôle de machine qui enregistre tout. Cette relative liberté vis-à-vis de l'équipe de tournage délie les langues, elle met tout le monde à l'aise. Cette nouvelle répartition géographique n'empêche pas les regards entendus, les sourires discrets entre le réalisateur et moi. Nous devons garder notre lien pour ne rien manquer, pour que je me rapproche si la situation le demande parce que ces drôles de tournages, nous les faisons ensemble quoi qu'il advienne. Cet éloignement physique rend notre travail peu ordinaire. Mais l'ordinaire ne nous intéresse pas, je pense même qu'il n'existe pas, notre présence dans cet atelier en est la preuve irréfutable. Si ce lieu était si banal, nous n'aurions pas autant d'intéret à partager le quotidien de ceux qui le peuplent.

Les jours passant, je ressens une douleur incessante. Les maux de dos qui m'ont tant fait souffrir autrefois ont décidé de me tenir à nouveau compagnie. J'ai la sensation qu'on m'a planté un poignard au niveau des lombaires. Cette douleur aiguë ne disparaîtra qu'après mon départ. J'ai un peu honte de moi, *la princesse au petit pois* qui marche courbée après seulement trois jours, alors que les autres résistent depuis des années et ne se plaignent pas. Quel que soit le poste que j'occupe, à la soudure ou devant la petite presse qui courbe les pièces métalliques, je me retrouve toujours dans une position très inconfortable. Les outils sont anciens, nos sièges en métal avec assise en bois également. Et les deux ne sont pas faits pour vivre ensemble. La hauteur de ma chaise n'est jamais la bonne. Je ne sais pas quoi faire de mes grandes jambes face à la machine, et rester debout huit heures d'affilée me paraît impossible. Mes voisins d'atelier se moquent gentiment de mes douleurs et, s'ils parlent peu des leurs, c'est qu'ils en ont pris l'habitude.

Guy, qui travaille dans un atelier voisin du mien et avec qui je discute régulièrement pendant les pauses, m'avoue avoir de graves problèmes dorsaux. Lors d'une pause, il me montre la ceinture de maintien qu'il porte sous sa blouse pour l'aider à supporter sa souffrance. En fait, ils sont tous brisés mais l'expriment à leur manière, sans vraiment râler. C'est comme ça, ils en ont pris leur parti. De toute évidence il n'y a pas d'alternative, les jours de pause servent à se reconstruire avant de recommencer. Je comprends que ce n'était pas moquerie de leur part de rire de ma mauvaise posture. Plutôt une sorte de bizutage.

Un matin, Philippe, le directeur de l'usine me rend visite à l'atelier. Il veut prendre quelques nouvelles de sa nouvelle recrue. Lui aussi a le sourire aux lèvres. Visiblement, voir une journaliste en blouse l'amuse. Il aurait tort de se priver, ça n'arrive pas tous les jours. Je le remercie encore une fois pour son accueil mais ne manque pas de lui dire que les sièges qu'il fournit à ses salariés sont vraiment pourris. A-t-il entendu parler de l'ergonomie ? Elle fait, paraît-il, des miracles depuis des dizaines d'années. Il m'avoue ne jamais les avoir testés, ce qui ne m'étonne pas, je ne vois pas très bien pourquoi il le ferait. Son rôle est d'assurer les commandes et d'en trouver de nouvelles en permanence. Changer toutes les assises de l'atelier coûterait cher à la société, il ne peut pas se le permettre. Pour toute réponse, j'affiche une moue polie quoique dubitative, en pestant contre ces saletés de chaises.

Un an après le tournage, nous sommes revenus dans la région. Une association de Pont-de-Roide, une commune limitrophe de Vermondans, organisait une projection du documentaire dans le but de réunir à nouveau ceux qui y avaient participé. Nous avons revu quasiment tout le monde. L'ambiance était gaie, l'usine tournait toujours, bon an mal an. Philippe, le directeur, était présent. Il m'a rappelé notre échange à propos des sièges de l'atelier. Bien sûr que je me souvenais de ma réclamation. Souriant, il m'a annoncé qu'il en avait acheté de nouveaux, pour le confort de tous. *Confort.* Le mot est, me semble-t-il, exagéré. J'ai accueilli cette nouvelle avec joie, néanmoins ternie d'une pointe de gêne. Mes camarades avaient certainement formulé cette demande avant moi, en vain. Ma parole, celle d'une étrangère, avait compté.

Parmi mes compagnons, il y a Gilbert, qui travaille depuis plus de dix ans dans cette usine. Gilbert est un bon élément, sa productivité est excellente. Cet homme de quarante-sept ans, peu bavard, donne rarement son avis quand nous discutons à la pause. Il est pourtant drôle, Gilbert, pince-sans-rire. Avant d'opter pour un studio dans le foyer de Sochaux, nous avions émis l'hypothèse que je m'installe chez lui, à quelques kilomètres de l'usine, en pleine campagne. Nous avons fait un autre choix.

Gilbert et Monique ont trois grands enfants. Chez eux, c'est le royaume de la débrouille. Gilbert est le seul salarié de la famille. Il gagne un peu plus que le SMIC. Il a effectué lui-même les travaux de sa maison. Dans le jardin, il a installé des clapiers dans lesquels il élève des lapins, de futurs civets qu'il nourrit avec attention. Chaque année, il achète une importante quantité de porc en gros qu'il transforme en chapelets de saucisses à congeler. Nous sommes à quelques kilomètres de Montbéliard, ça a son importance. Gilbert cultive un potager, coupe son bois et récupère les vêtements de ses fils quand ceux-ci n'en veulent plus. Je me disais bien que ses pulls n'étaient pas tout à fait à sa taille. Quand je lui en fais la remarque, ça le fait rire.

Le 5 mai 2012, veille du deuxième tour de l'élection présidentielle, je passe la journée puis la soirée chez lui. La famille nous accueille chaleureusement, l'équipe et moi, certainement un peu fière que la télévision prenne place sur le canapé du salon. Cependant, l'effet de la caméra s'estompe rapidement. Gilbert et moi nous connaissons depuis quelques jours déjà, nous plaisantons, il me fait visiter sa maison. Bref, je suis simplement une collègue qui vient dîner.

Audrey, sa fille de dix-sept ans, est encore lycéenne. En revanche, Damien et Anthony, les deux garçons, sont majeurs et ont quitté l'école. À vingt ans à peine, ce sont déjà des forçats de l'intérim. Il leur arrive de se déplacer pour deux petites heures de travail, le temps de balayer un entrepôt et on les renvoie chez eux. Mais ils acceptent ces poussières de travail de peur qu'on ne les rappelle jamais. Les deux garçons vivent encore chez leurs parents et, avec le peu d'argent qu'ils gagnent, ils participent comme ils le peuvent aux frais de la maison, payant un plein de courses de temps en temps.

Monique, l'épouse de Gilbert, est sans emploi. Cette femme de caractère mène sa famille de main de maître. Elle est rude, parfois rugueuse, mais elle l'aime, son Gilbert. Même si elle regrette que cette année son mari n'ait pas eu les moyens de l'inviter au restaurant pour son anniversaire. Nous faisons ensemble le détail de leur budget mensuel et, effectivement, une fois toutes les factures payées, il ne reste rien à cette famille pour les loisirs, les petits plaisirs que, pour ma part, je m'offre sans y penser. Inévitablement, quand je les écoute, je compare mon quotidien au leur.

La vie n'est pas rose, Gilbert sait qu'il peut perdre son boulot à tout moment, même s'il est en CDI. Malgré ces perspectives peu rassurantes, nous passons une agréable soirée. Demain, nous changerons de président de la République. Pour l'heure, personne n'en parle. Ce soir-là, je reste dormir chez eux.

Les garçons de mon équipe me retrouvent le lendemain matin pour un petit-déjeuner chez Gilbert et Monique. Nous avons prévu d'accompagner la famille au bureau de vote installé dans la mairie du village. Je connais leurs choix politiques. Ils nous en ont fait part avant notre arrivée dans la région. Durant ces trois semaines, je rencontrerai des gens de tous bords, d'un extrême à l'autre. Ce matin-là, à l'heure du café et des croissants, c'est l'extrême droite qui m'invite à sa table. Quand je leur demande à tous ce qu'ils ont voté au premier tour, c'est un même nom qui fuse. Un prénom, plus exactement : *la Marine.* Ils ont tous opté pour *la Marine* deux semaines auparavant.

Mon croissant passe mal. La personne que je suis part prendre l'air le temps de cette conversation et laisse la journaliste attablée avec les autres.

Je ne pense qu'à mon travail, à l'interview que je suis en train de mener dans cette cuisine bleu marine. J'affiche un visage d'une parfaite neutralité, mais Gilbert me connaît suffisamment pour savoir que je n'adhère pas à ses choix. Peu importe, ils ne sont pas là pour me faire plaisir. Je leur pose des questions, ils me répondent. J'essaie de comprendre pourquoi ils ont voté pour Marine Le Pen, mais également pour son père à l'élection précédente, même si je me doute de la réponse, laquelle ne se fait pas attendre. Selon Gilbert et Monique, si les immigrés étaient moins nombreux en France, il y aurait plus de travail pour leurs enfants. Compte tenu des galères que traversent les deux garçons pour trouver un emploi stable, je ne vois pas trop quoi leur répondre. C'est peine perdue de toute façon, puisqu'ils ne s'arrêtent pas là. Les immigrés ont beaucoup d'aides, trop selon eux. La CMU, les allocations de toutes sortes, tout est fait pour aider ces familles trop nombreuses à s'en sortir sans travailler. Gilbert, lui, doit avancer le prix des médicaments à la pharmacie, pas eux. Ils ont de grosses voitures, plus belles que celle de Gilbert. Ils vivent dans de grands appartements aux loyers dérisoires, alors que Gilbert a dû faire lui-même les travaux de sa maison. Enfin, Marine les comprend, elle les écoute, ce qui selon eux n'est pas le cas du reste de la classe politique.

Le discours décomplexé de Marine Le Pen a fait son œuvre. Elle a su les toucher en leur parlant droit dans les yeux quand d'autres se bouchent le nez en s'adressant aux classes défavorisées. Elle a eu l'art de jouer avec leurs peurs, leur statut de laissés-pour-compte, tout en surfant doucement mais sûrement sur un fond de racisme qui n'ose pas dire son nom. Durant ce petit-déjeuner, j'ai devant moi ce que nous décrivent les sondages de l'époque mais que nous avons du mal à entendre. Le Front national jouit d'un vote rural et ouvrier. Ils sont là devant moi, ces électeurs, ils m'ont invitée à dîner, m'ont logée cette nuit et m'ont offert de partager leur café du matin. Ce couple qui m'accueille est plutôt sympathique, même si notre conversation me glace les sangs. En les écoutant, je ne peux m'empêcher de me dire qu'ils se trompent lourdement, mais qui suis-je pour juger de leur choix ? Une femme vernie, qui gagne bien sa vie et n'a donc pas de mal à boucler ses fins de mois, qui n'a pas peur de grand-chose si ce n'est de perdre ceux qu'elle aime, qui ne craint pas l'étranger, l'inconnu, bien au contraire, et qui va donc voter – par procuration – pour François Hollande cet après-midi. Ces difficultés quotidiennes qui me sont épargnées mais qui assombrissent leur vie suffisent-elles à expliquer leur vote ?

Gilbert ne peut pas voir François Hollande en peinture, c'en est presque drôle. Ce n'est pas que je l'adore, mais je ne veux pas voter pour le candidat sortant lors de ce deuxième tour. C'est en revanche ce que fera toute la famille de Gilbert. Tous vont glisser un bulletin Nicolas Sarkozy dans l'urne. Je ne suis pas experte en politique mais que des ouvriers votent à droite, une droite ferme comme l'était celle du candidat UMP, me semble un peu étrange, pour ne pas dire totalement incompréhensible. Qu'ont-ils à y gagner ? Que leur a-t-il promis, à part une politique migratoire renforcée, pour les séduire à ce point ? Quelles erreurs le candidat socialiste a-t-il commises pour louper à ce point son cœur de cible ? Des dizaines d'experts glosent sur le vote des ouvriers depuis des années. Le résultat est là, criant. Ils désertent la gauche, pensant trouver du réconfort, une oreille, voire du boulot auprès des candidats de droite.

Ce soir-là, nous regardons le résultat de l'élection sur TF1, confortablement installés dans le salon de Gilbert et Monique. Ils croient dur comme fer en la victoire de Nicolas Sarkozy. Pour ma part, j'ai déjà reçu des messages me donnant une idée du scrutin, ce que je me garde bien de leur raconter.

Quand le visage de François Hollande apparaît sur l'écran, c'est la consternation dans la maison. Gilbert et sa famille sont dégoûtés, c'est le terme le plus proche de la réalité qui me vienne. Ils sont déçus, n'y comprennent plus rien et ont peur à nouveau. Ils ne sont plus que questions. Hollande promet de baisser les impôts des plus pauvres, mais comment peut-il faire ça puisque les caisses sont vides ? Le temps leur donnera partiellement raison. Je ne peux m'empêcher de sourire face à leur réaction. Ils y croyaient tellement et moi si peu. En mon for intérieur, c'est loin d'être l'euphorie des grands jours, mais je suis satisfaite de ce résultat. Gilbert est dépité. Il a la sensation qu'il va encore devoir payer les pots cassés du résultat de ce vote.

Quelques minutes plus tard, il sort de sa poche un petit morceau de papier et me le tend en souriant. C'est un bulletin *François Hollande* qu'il a récupéré dans l'isoloir. Il me l'a dédicacé. Il est drôle, Gilbert, malgré son penchant pour *la Marine*.

Dès le lendemain de l'élection présidentielle, nous reprenons nos habitudes à l'usine. Je sympathise avec les uns et les autres. Un matin devant la grille, à 4h45, alors que nous sommes encore engourdis par le froid et notre courte nuit, Pierrot, un de mes collègues, me confie qu'il lutte. Sur le moment, je ne comprends pas très bien ce qu'il veut dire. C'est un taiseux, Pierrot. Avec sa trogne, son corps de grand dégingandé, sa bouche partiellement édentée, ses vêtements sans style et son âge indéfinissable, il est extrêmement touchant. Je crois deviner qu'il vit seul chez sa mère. Ce matin-là, quand il me dit simplement que chaque jour il lutte, j'entrevois son quotidien. Chaque journée écoulée est une victoire sur la précédente. Il a du travail, c'est déjà énorme, mais qu'en tire-t-il de positif ? Vraisemblablement pas grand-chose. La vie de Pierrot est tiède, les plaisirs quasi inexistants. Le réveil matinal le renvoie à un présent parfaitement identique à ce qu'était la veille et à ce que sera le lendemain, inexorablement. Je l'embrasserais bien sur la joue, juste comme ça, histoire de le faire sourire ou de lui offrir un petit moment agréable, ils ne doivent pas être si nombreux. Finalement je me ravise, ça lui ferait une belle jambe que je l'embrasse.

Je copine également avec les filles de mon atelier. Elles s'amusent de me voir arriver au vestiaire avec ma petite caméra. Elles râlent un peu, pour la forme, prétendant qu'elles ne sont pas suffisamment belles pour être filmées. C'est faux, évidemment. Je me fiche de leur blouse, de leur permanente défraîchie, de leurs racines brunes ou grises, de leur peau qui ne voit pas souvent l'esthéticienne. Nous ne sommes pas là pour dénicher le prochain prix de beauté. À quoi bon se faire belle, de toute façon ? Il fait parfois très froid dans l'atelier balayé de courants d'air, puis il y fait très chaud quand le soleil tape sur le toit en tôle. Nous transpirons, portons des gants, une blouse, des chaussures de sécurité, des lunettes de protection quand nous nous échinons sur les machines de soudure. Franchement, à quoi bon se pomponner pendant des heures ?

Souvent je leur demande à quoi servent les pièces que nous fabriquons par milliers chaque jour. Ma curiosité les étonne. La plupart n'en savent rien. Les cartons partiront chez Peugeot ou Moulinex, qu'importe, nous devons assurer les commandes de la journée, voilà tout ce qui les intéresse. Les hommes sont plus au courant, notamment notre chef d'atelier qui m'explique l'utilité de telle ou telle pièce. Mais le plus au fait, c'est Christian. Le doyen de mon équipe va prendre sa retraite quelques mois après notre départ. Il est un peu mon chaperon, la bienveillance en plus. Christian vient me voir régulièrement, il m'explique les gestes à effectuer, approche les palettes de cartons de mon poste, les surélève pour que je n'aie pas à me baisser inutilement. Parfois, il se confie. Un après-midi, il m'accompagne lors de ma pause clope. Il a visiblement envie de discuter. À la veille de quitter l'usine, il me fait part d'une certaine nostalgie. Il regrette le temps où les ouvriers se préoccupaient de l'utilité de leur tâche, cette époque où il passait des jours entiers à imaginer le moyen de fabriquer une nouvelle pièce qui ferait gagner un marché supplémentaire à l'entreprise. Aujourd'hui, on bosse sans se poser de questions. Les ouvriers soudent, les pièces s'accumulent. Et le lendemain, on recommence.

Christian est nostalgique du temps où l'usine fabriquait des ressorts comtois. Voyant ma mine interloquée, il sort de sa poche un de ces fameux ressorts en métal, long de trois centimètres environ. C'est un objet assez joli, avec lequel on joue machinalement en le tripotant entre le pouce et l'index. Un objet tout bête mais vivant, selon Christian. Ses yeux s'illuminent quand il dit *vivant.* La fabrication de ces ressorts est née d'une réflexion poussée, il a fallu imaginer un processus particulier, peut-être même dessiner une machine pour leur donner naissance. Christian a engendré ces objets, mobiles autant qu'utiles, fruits du pays comtois, un peu comme on fait des bébés. Quand il m'offre son ressort, je mesure la valeur de ce cadeau au sourire qu'il affiche. Cette pièce en dit long sur l'amour qu'il a pour son métier, sur les regrets qu'il ressent face à sa déshumanisation.

Aujourd'hui, presque quatre ans après, ce ressort est en bonne place dans ma bibliothèque, posé dans une petite coupelle, au milieu des livres. Et que personne ne s'avise de piquer mon ressort comtois. C'est un cadeau de Christian.

À cette période, PSA, le client qui nous passe le plus de commandes, celui qui fait tourner la boîte depuis des décennies, est en difficulté. Les Français n'ont plus d'argent pour acheter des voitures neuves. Fini le temps béni où les 504 se vendaient comme des petits pains. Il y a de nombreux jours chômés au sein du navire amiral de Sochaux et, par extension, chez les sous-traitants comme nous. En ce mois de mai chez Sideo, il y en aura cinq au total. Cinq jours ouvrés durant lesquels mes collègues seront payés seulement 60 % de leur salaire brut. Une semaine rémunérée à rester à la maison, soit, mais à leur échelle, c'est un énorme manque à gagner. Ils n'ont pas le choix. C'est comme ça. Cela coûte moins cher de fermer l'usine plutôt que de la faire tourner au ralenti. Nous lisons ensemble la note qui informe le personnel des dates de ces journées sans travail. Les mines s'assombrissent face au tableau d'affichage. Tout cela n'augure rien de bon. La crise est là et une reprise des ventes, même un peu molle, se fait attendre. Toutefois, mes collègues sont protégés, a priori, par leur contrat de travail. D'autres, les intérimaires à perpétuité, sont infiniment plus fragiles et vivent au jour le jour depuis des lustres.

Claudine fait partie de cette armée invisible, ces travailleurs journaliers, dépendants et silencieux. Claudine est la mère de Bryan, le petit ami de la fille de Gilbert et Monique. Elle a une quarantaine d'années et élève seule ses deux enfants : Bryan, qui débute dans la vie active et court après les boulots, et sa jeune sœur, encore lycéenne.

Depuis des années, Claudine multiplie les missions de durées très variables, d'une journée à quelques mois. Inlassablement, son avenir est remis en question, jamais elle ne sait si on lui demandera de revenir. Un après-midi, elle m'invite à prendre le café chez elle. Cette femme courageuse me montre alors la montagne de contrats de travail qui s'amoncelle dans son placard. Quand certains n'ont que douze fiches de salaire par an à ranger dans leur boîte à papiers, d'autres multiplient les paperasses et les soucis. Claudine a envie de bosser, elle n'a pas le choix de toute façon. Elle est visiblement appréciée de ses employeurs. Toutefois, elle vit dans le doute permanent. Travaillera ? Travaillera pas ? Claudine est manifestement exaspérée par cette situation mais ne le dit pas, peu habituée à s'apitoyer sur son sort.

L'afflux grandissant des travailleurs intérimaires a radicalement modifié l'industrie française. Il y avait autrefois une solidarité chez les employés d'une usine, des hommes et des femmes qui se fréquentaient leur vie durant. Aujourd'hui les ouvriers se croisent, s'accrochent à leur mission fugace, ne bougent plus une oreille, acceptant parfois l'inacceptable pour travailler un peu. On appelle ça la *flexibilité.* Elle était paraît-il nécessaire, cette mutation. Tout salarié doit accepter aujourd'hui de changer de région pour trouver du travail. Ça fait voir du pays. Il faut aller de l'avant, être positif, changer ses habitudes, ne pas s'encroûter chez un même employeur toute une vie. Revers de la médaille, les usines embauchent massivement ces salariés jetables comme des Kleenex, en lieu et place de travailleurs protégés par le droit et un contrat en bonne et due forme. Les intérimaires coûtent cher aux entreprises, mais elles préfèrent faire appel à eux pour mieux les renvoyer dès que les commandes baissent, avant parfois de les rappeler trois jours plus tard. Cette vision à court terme me semble une ineptie. Le pouvoir d'achat de Claudine est bien faible. À ce rythme, elle n'est pas près d'acheter une nouvelle voiture.

Claudine n'est pas seule dans ce cas. Le 1er mai, Michel et moi partons défiler. Michel vit à Sochaux et travaille de temps en temps chez PSA comme intérimaire. À cinquante et un ans, il est épuisé, physiquement et moralement. Il loge dans un petit appartement perdu dans une zône d'activité triste à mourir, seul, loin de Toulouse, sa ville d'origine. Michel a déménagé dans le Doubs pour se rapprocher de son frère et d'un bassin industriel où il pensait trouver un travail pérenne. C'est loupé pour lui. Pourtant, Michel a bien compris la notion de flexibilité : comme le roseau, il a accepté de plier. Il est désormais au bord de la rupture. En ce 1er mai 2012, c'est la première fois de sa vie qu'il défile. Il est ulcéré par les récents propos de Nicolas Sarkozy sur le *vrai travail*. Le candidat de l'UMP a voulu provoquer les syndicats avec son discours, c'est réussi. Les *vrais travailleurs* sont nombreux à montrer leur mécontentement dans les rues ce jour-là, Michel en tête. Il en rêve, de ce vrai travail, mais on ne lui propose que des reliquats. Lui non plus n'achètera pas la nouvelle 308 cette année.

Arrive notre dernier jour à l'usine et la fin de notre tournage. Pour l'occasion, nous organisons un pot afin de dire au revoir à tous. L'alcool est interdit sur le lieu de travail, nous achetons néanmoins quelques bouteilles de cidre. On ne va quand même pas trinquer au jus d'orange. Pierrot, Gilbert, Carole et les autres sont là, un peu émus, je le sens, de notre départ. Carole, qui a toujours une parole sensée, se félicite de notre venue, de ces semaines durant lesquelles j'ai travaillé auprès d'eux. Elle nous avoue que si j'avais été simple observatrice, ça n'aurait pas été aussi bien, je ne les aurais pas vraiment compris. Carole, elle, a tout compris.

Tous se moquent un peu de ma productivité minable. Je n'ai pas été trop mauvaise sur les machines de petite presse. En revanche, au niveau de la soudure, j'ai des progrès à faire. Mais peu importe, ils se félicitent de l'attention que nous leur avons portée, c'est si rare. J'ai même l'impression qu'ils en sont un peu fiers. Les ouvriers ont un sentiment d'abandon de la part des médias et ils ne sont pas les seuls. Les non-voyants avant eux, les infirmiers lors d'un prochain documentaire et bien d'autres, tous sans exception nous diront leur joie d'avoir suscité notre curiosité.

Quelque chose m'échappe. Pourquoi ont-ils la sensation d'être oubliés, ce regret de n'intéresser personne ? La proximité, l'humanité, osons même dire la normalité, ne font visiblement pas recette à la télévision. Paradoxalement, j'ai le sentiment que l'ordinaire et l'immuable sont les mots d'ordre. À quoi sert de revoir toujours les mêmes lieux, les mêmes thèmes, reportage après reportage ? De la caserne des pompiers le 31 décembre à la braderie de Lille en passant par les recettes miracles de je ne sais quelle entreprise tellement florissante, ces sujets éternellement traités m'assomment. Nous n'avons pas filmé l'ennui, l'inutile ou le banal durant ces trois semaines, mais plutôt la valeur du travail, la peur du lendemain, le racisme, la politique française, l'économie mondiale, le pouvoir d'achat, la douleur, les nuits trop courtes, la solidarité, le sort des générations futures… sans oublier les ressorts comtois.

Ce documentaire a inauguré la collection *21 Jours*. Il a été le premier diffusé, en septembre 2012. Quelques semaines plus tôt, le 12 juillet, PSA annonçait la suppression de près de huit mille postes en France, dont huit cents à Sochaux.

En CELLULE

Enfant, j'étais scout. Ça arrive aux meilleurs d'entre nous. De huit à treize ans, j'ai été jeannette puis guide chez les scouts unitaires de France, à Montceau-les-Mines. Nous partions camper chaque été. Parfois, nous allions bivouaquer une nuit ou deux, le temps d'un week-end. J'ai adoré cette période, même si papa et mes frères se moquaient de moi quand je quittais la maison avec ma jupe plissée bleu marine, mon béret et mon foulard. Papa, l'instituteur athée, voyait sa fille passer son temps avec des *culs-bénits*, il avait de quoi se marrer. Lever des couleurs, bénédicités, messes, nous avions droit à tout.

À cette époque, je croyais. On nous demandait de réciter une prière vers 7 heures, chaque vendredi matin. Bon petit soldat, je faisais sonner mon réveil un peu plus tôt ce jour-là et je priais dans ma chambre. C'était mon rendez-vous à moi avec la religion. La foi a quelque chose d'exotique pour un enfant. À quoi croyais-je exactement ? Je ne me rappelle pas mais c'était mon affaire, je m'y appliquais comme si ç'avait été un travail, ça devait me donner de l'importance. Et, avouons-le, on n'a rien écrit de plus romanesque que le Nouveau et l'Ancien Testament, j'en reste convaincue. C'est parfois un peu aride à lire, j'en conviens, mais quelle épopée tout de même. En tout cas je croyais en Dieu, dur comme fer. Puis mon père est mort. J'avais dix ans. Est-ce que j'avais mérité de prendre une telle raclée ? Toujours est-il que je suis partie un matin à l'école et que je ne l'ai jamais revu.

À partir de ce jour maudit, j'ai éliminé la prière du vendredi de mon emploi du temps. Le doute est entré dans ma vie alors que s'évanouissait à jamais l'insouciance. Dieu n'est qu'amour, soit. Mais dorénavant, j'allais cesser de croire. À dix ans, je tentais de tenir debout et de pousser à peu près convenablement, sans mon tuteur, ça m'occupait suffisamment.

Trente ans et des poussières plus tard, je voyage à bord d'un train qui m'emmène au monastère de Chambarand, en Isère. Durant vingt et un jours, je vais vivre auprès d'une communauté de cisterciennes. Nous avons signé une deuxième saison, trois nouveaux documentaires, et mon travail m'offre ce dont j'ai toujours rêvé : la possibilité de franchir la frontière de la clôture, histoire de voir ce qui se passe de l'autre côté, là où nous ne pénétrons jamais, nous, simples laïcs. Ce monde ô combien cadenassé m'ouvre ses portes. Je suis folle de joie.

Cependant je suis tendue, comme avant chaque tournage. C'est toujours la même chose, une semaine avant de partir, je commence à m'éteindre, je me ferme comme une huître. J'ai peur. Peur d'abandonner mes habitudes pour en adopter de nouvelles, peur de quitter mes proches, de ne pas poser les bonnes questions, de passer à côté de l'essentiel. J'ai même parfois la crainte de m'ennuyer, ce qui n'arrive évidemment jamais. Je parle de moins en moins, ce qui amuse mes amis, habitués du fait. Malgré tout, je suis ravie à l'idée de cette nouvelle expérience. Je vais vivre dans un couvent, du bon côté selon moi, celui de la clôture. Personne n'a cette chance, à part les novices, et je suis loin d'en être une.

Dans le train qui roule vers Valence, ce 11 mars 2013, je suis d'autant plus excitée que durant mon séjour, le dernier album en date de David Bowie, *The Next Day*, va atterrir dans mon téléphone. Je l'ai précommandé comme d'autres fans à travers le monde. Dans quelques jours, le dieu du rock va tomber du ciel et me ravir de sa voix sublime, tandis que près de moi, on chantera les louanges d'un autre Créateur.

Avec moi il y a Philippe, qui va réaliser ce documentaire, et Gaëtane, l'ingénieur du son. Les religieuses ont accepté la présence d'un homme dans l'équipe. Quelques semaines auparavant, quand nous avons posé la question à mère Marie-Rose, la supérieure, elle nous a répondu avec humour que les sœurs avaient déjà vu des hommes. D'ailleurs, elles ont régulièrement la visite d'un plombier. Effectivement, si elles acceptent le plombier, elles vont supporter Philou. En revanche, il nous a semblé préférable de choisir une femme pour s'occuper de la prise de son, plus exactement pour s'aventurer dans le voile et les méandres de la coule – la robe des sœurs – afin de leur installer un micro.

Trente-quatre cisterciennes nous attendent de pied ferme au couvent. L'abbaye de Chambarand est située en pleine campagne, dissimulée derrière un mur d'enceinte au bout d'un chemin, les Alpes en arrière-plan. L'endroit est magnifique. Les gens d'Église ont décidément le sens du décorum. Autrefois, la communauté des sœurs fabriquait du fromage, mais le temps passant et la moyenne d'âge se situant désormais autour de soixante-dix ans, elles ont abandonné la fromagerie, trop fatigante, pour la fabrication de chapelets. Je pars enfiler des perles pendant trois semaines…

À notre arrivée, c'est sœur Geneviève-Marie qui nous ouvre la porte. Affichant un large sourire, elle est visiblement enchantée de nous accueillir. La sœur tourière, en charge des visiteurs qui viennent dormir à l'hôtellerie du monastère, nous reçoit dans un couloir dénué de toute décoration. Seuls des crucifix sont accrochés ici ou là. Début de l'ascèse. À partir de maintenant, le superflu est rayé de ma vie. Geneviève-Marie est belle. Elle doit avoir une cinquantaine d'années, mais je ne saurai jamais exactement l'âge des religieuses qui m'entourent.

Les années qui passent n'ont pas grande importance ici. En revanche, je leur demanderai régulièrement la marque de leur crème antirides, pour les amuser mais pas seulement. Ces femmes vieillissantes pour la plupart ont une peau magnifique. Ça peut sembler stupide et superficiel de s'arrêter à ce détail, mais dès mon arrivée il me saute aux yeux. Quand on est fille d'esthéticienne, on l'est à vie. Ces visages paisibles et harmonieusement ridés sont si beaux, apaisants et rieurs qu'il faudrait être aveugle pour ne pas les remarquer.

Mère Marie-Rose, qui nous rejoint dans ce grand couloir, confirme la règle. Pas très grande, les cheveux blancs retenus par son voile, elle est tout sourire en nous saluant. On devine qu'elle n'est pas la supérieure pour rien. Il émane d'elle une autorité naturelle qui frappe d'emblée. Et, qualité suprême selon moi, elle a le sens de l'humour. Elle porte un regard amusé sur l'énorme valise posée à mes côtés. Contrairement aux nonnes, je n'ai pas renoncé à tout. J'ai pourtant l'impression de ne pas avoir apporté le superflu dans mes bagages : quelques vêtements chauds, un sèche-cheveux, un petit miroir, des affaires de toilette, une clope électronique – inutile puisque je fumerai, comme d'habitude – et trois ou quatre livres. On a connu malle plus fournie. Visiblement, c'est déjà trop.

La mère – comme on dit ici – m'invite à visiter le monastère. Nous traversons la cuisine de l'hôtellerie et immédiatement nous franchissons la clôture. Une simple porte en bois est la frontière très concrète entre mon monde et le leur. Elle n'a l'air de rien, cette porte. Pourtant ces quelques planches me séparent désormais de tout ce qui fait ma vie habituellement. La sexualité, la fête, ma famille, mes amis, les vêtements inutiles, les blagues débiles, les discussions interminables jusqu'au bout de la nuit. Abandonner tout cela pourrait sembler effrayant, je suis aux anges. J'ai conscience de vivre un moment rare, qui peut s'avérer étrange, mais quelle chance. Les religieuses que je croise au détour des couloirs me saluent d'un signe de tête. Le moins que l'on puisse dire est que nous ne sommes pas dans l'effusion. Mère Marie-Rose me les présente au fil de notre déambulation. Elle ne connaît pas encore ma peine à retenir les prénoms. Complication supplémentaire, quand elles entrent en religion, les sœurs choisissent un nouveau nom qui débute ou se termine deux fois sur trois par Marie. Je m'emmêlerai régulièrement les pinceaux quand il me faudra nommer Geneviève-Marie, Marie-Geneviève, Catherine-Marie, Marie-Françoise et j'en passe. Je me raccrocherai régulièrement aux branches en les appelant tout simplement *ma sœur.*

La communauté m'a réservé une cellule. La chambre est épurée : un lit à une place, une table de nuit, un bureau et un placard dans lequel je découvrirai une bassine en plastique pour une toilette succincte. Au-dessus de mon lit est accroché un crucifix, unique élément décoratif de mon nouvel univers. Les murs de la pièce sont habillés de lambris, comme le sont toutes les cellules de l'étage.

Dans le couloir, mon prénom est inscrit à droite de la porte. Cela peut paraître sans importance mais ce petit carton à mon nom signifie beaucoup. Les sœurs ont compris ce que nous venions chercher chez elles : une immersion totale. Telle une jeune postulante, je dois être traitée comme les autres. Ce morceau de papier avec mon prénom tracé d'une écriture appliquée signifie qu'elles m'attendaient vraiment, qu'elles m'accueillent parmi elles. Je fais désormais partie de leur étrange gynécée. Ce genre d'attention me touche à chaque tournage. J'ai eu la même sensation à l'usine, quand mon nom s'est affiché sur la pointeuse. Je découvrirai un peu plus tard au réfectoire le même écriteau à la place qu'elles m'ont réservée à table, tout près de la mère supérieure, à la gauche de sœur Geneviève-Marie.

Je me réjouis qu'elles nous ouvrent leur porte mais à cet instant, je me demande encore pourquoi elles le font. Nous avons appelé plus de quarante monastères avant que Chambarand ne consente à nous accueillir. Pourquoi les religieuses acceptent-elles que je vienne les questionner, que je me lève et me couche en même temps qu'elles, que je partage leurs repas, les corvées d'épluchage, le nettoyage des vitres du cloître, l'enfilage de perles, que je fume des clopes au milieu de leur propriété, que je sois accompagnée d'un homme, un vrai, chez elles et caméra au poing ? Pourquoi me faire une place auprès d'elles à l'église, dans les stalles, et pas avec les quelques fidèles qui viennent se recueillir à l'abbaye. Elles ne le savent pas encore mais durant les offices, je ne desserrerai jamais les dents. Je ne chanterai pas, ne réciterai aucune prière alors que je les connais toutes, je ne courberai pas l'échine face à l'autel, je ne communierai pas une seule fois.

Je me souviens de m'être couchée vers 20 h 30 le premier soir. Je n'ai pas l'habitude de clôturer une journée aussi tôt, c'est même en général l'heure à laquelle je m'éveille au monde et à ses bêtises. À Chambarand, pas de folie nocturne. Le réveil sonne à 3 h 30 pour vigiles, le premier des sept services religieux. Six heures passées chaque jour dans une église, voilà ce que sera ma vie pendant les trois semaines à venir.

Le quotidien des sœurs est rythmé par ces nombreux offices. Tout commence donc par vigiles à 4 heures du matin. Puis, vers 7 h 30, débutent les laudes, suivies de prime, tierce, sexte, none, vêpres en fin d'après-midi et enfin complies, le dernier service avant le coucher. Les horaires et durées peuvent varier légèrement selon les monastères, mais partout les offices divins sont les principaux exercices de la journée. Même dans les couvents qui ont une activité professionnelle, les religieuses doivent abandonner leur ouvrage pour se rendre à l'église. La règle de saint Benoît qui dicte la vie monastique depuis près de quinze siècles est très ferme sur ce point. Pour quelqu'un qui n'a pas la foi, c'est un programme qui peut faire vaciller.

Vigiles est un moment à part, un peu hors du temps. À 4 heures du matin, il fait froid dans l'église. Nous sommes assez peu nombreuses, une quinzaine environ, les sœurs les plus âgées étant dispensées de ce réveil nocturne. Quand nous prenons place dans les stalles, les lampes s'illuminent doucement, les voix sont enrouées, les gestes encore endormis.

Les premiers jours, j'observe et tente de me faire la plus discrète possible. Vœu pieux. Étant la seule habillée en civil, on ne voit que moi sur les bancs. Chaque geste de ces femmes est effectué avec tellement de douceur et d'attention que je ne voudrais pas laisser tomber ma stalle – ce siège en bois que nous rabattons pour nous lever et abaissons pour nous asseoir – dans un fracas énorme. Dans une église, c'est bien connu, le moindre bruit devient vacarme. Je récite les psaumes dans ma tête pendant les lectures. Je ne chante jamais, par choix mais pas seulement, les cigarettes ayant eu partiellement raison de mes cordes vocales. Ce n'est évidemment pas le cas des sœurs puisque le chant fait partie intégrante de la liturgie. J'adore les écouter. Leurs voix haut perchées m'enveloppent et me rassurent. J'ai d'ailleurs assez vite mon moment préféré, à la fin de complies. Vers 20 h 15, la communauté entonne le *Kyrie eleison*. Leurs voix claires qui s'élèvent dans la pénombre de la nef sont un ravissement. Chaque soir j'attends ce chant. Si seulement il pouvait durer des heures.

Les jours passant, mon esprit se vide. C'est très déroutant. Il est rare de n'avoir aucune pensée en tête. Durant les offices, je pourrais me transporter vers l'extérieur, réfléchir à ce que je ferai en sortant, fantasmer sur une bière fraîche ou avoir des rêveries plus charnelles. Ces parenthèses hors du temps, hors de moi, me font un bien fou. Je suis comme en vacances du monde et de moi-même.

Petit à petit, naît une connivence avec les sœurs. Il est agréable, ce terme. En plus de mes deux frères, j'ai désormais une trentaine de sœurs. Ça me plaît. Dans l'église, nous échangeons parfois des œillades discrètes. Il faut avouer qu'elles ont le rire facile. Il suffit que l'une d'elles se trompe de strophe au cours de la lecture d'un psaume, qu'une autre trébuche dans une allée ou qu'une des plus âgées – certaines sont dans ces lieux depuis plus de cinquante ans – s'endorme pour que ça ricane discrètement dans les stalles. Je raffole de ce genre de dérapage. Moi qui fuis les messes depuis trente ans, je me sens à ma place, sereine et détendue. Observatrice privilégiée, je savoure chaque instant.

Le matin vers 5 heures, après vigiles, il fait encore nuit dehors, plutôt frais dans le cloître et plusieurs options s'offrent à moi. Je peux me rendre au réfectoire – où l'ambiance ne bat pas son plein – pour manger un peu, boire un café. J'ai ensuite la possibilité d'aller au scriptorium, lieu de lecture où la communauté étudie les textes sacrés, ou bien de monter lire dans ma cellule. Avant mon départ, une amie qui ne manque pas d'humour et ne porte pas les religieux dans son cœur m'a offert *La Religieuse* de Diderot. Ce roman raconte l'histoire de la pauvre Marguerite Delamarre, cloîtrée de force par ses parents. Je dévore évidemment ce texte en quelques jours. Lire *La Religieuse* au couvent, c'est comme regarder *Taxi Driver* aux côtés de Robert De Niro. Du pain bénit, une mise en abyme jouissive.

Quand je ne remonte pas dans ma cellule pour deux heures de lecture au moins, je rejoins le scriptorium. Dès mon arrivée, mère Marie-Rose m'a chaleureusement invitée à le faire avec régularité. Le message était clair. Je l'ai vite compris, on ne contredit pas la mère supérieure, on lui obéit ou l'on n'est pas tout à fait admis. Quand nous marchons côte à côte dans le cloître ou la propriété, lorsqu'il nous arrive de plaisanter ou qu'elle aborde des points précis de la liturgie, elle est si petite que je dois me baisser pour lui parler. Malgré la bonne vingtaine de centimètres qui nous séparent, elle est ma supérieure durant ces trois semaines. C'est elle qui nous a autorisés à venir nous installer au monastère, après en avoir référé à son conseil rapproché. Je ne suis cependant pas persuadée qu'elle lui ait laissé le choix. Elle a décidé qu'il était important pour la communauté d'ouvrir ses portes, de tordre le cou aux préjugés, elle a eu confiance. Toutefois, elle nous a très vite expliqué que nous devions respecter les règles, les horaires et le silence. Mère Marie-Rose est ferme et drôle. Jamais elle ne nous a empêchés de tourner quoi que ce soit tant que nous restions dans les limites qu'elle nous avait fixées. Elle nous dira en fin de séjour qu'elle savait exactement qui j'avais interviewé et de quoi nous avions parlé. Ce sont les sœurs elles-mêmes qui lui en rendaient compte. Hiérarchie oblige.

Suivant ses conseils avisés, je fréquente donc leur salle de lecture. Les sœurs m'y ont alloué un bureau, identique aux leurs, surmonté d'une lampe. L'atmosphère est digne d'un film. Bienvenue dans *Le Nom de la rose.* Je débute la lecture de *La Vie de saint Benoît,* déposée à mon intention sur ma table. La vie entière des religieux est déterminée par cet écrit datant du VIe siècle. La règle fixée par le fondateur de l'ordre des Bénédictins constitue l'ouvrage de référence. Outre les offices divins qui rythment la journée, la règle veut que moines et moniales aient une activité manuelle – au minimum, cultiver un potager – pour subvenir à leurs besoins sans les obliger à franchir la clôture. Avec le temps, ces activités sont parfois devenues commerciales, histoire de remplir les caisses, les legs aux communautés devenant de plus en plus rares. Selon la règle de saint Benoît, les religieux doivent également consacrer une partie de leur temps à la lecture, à l'étude des textes sacrés et autres écrits des pères fondateurs. Benoît de Nursie décrit également les modalités des repas, des tenues, du choix du supérieur et tout un tas d'autres aspects de leur quotidien. Je dois l'admettre, je ne suis pas arrivée au terme de cette lecture fondatrice. Il est un peu âpre pour une personne férue de romans de se concentrer sur ce type de prose, a fortiori à 5 heures du matin.

Néanmoins, j'aime me rendre au scriptorium pour y retrouver sœur Placide, ma voisine de table. Elle a choisi de s'appeler ainsi en entrant en religion parce qu'elle adorait l'histoire d'un jeune moine du même nom, camarade de saint Benoît, sauvé de la noyade par saint Maur. Quand on s'appelle Placide, on ne peut pas être mauvais. Placide est exceptionnelle. Étrange mélange entre la mère Denis, celle des lave-linge, et Mister Magoo, celui du dessin animé, elle sourit en permanence sous ses rides profondes. Silence oblige, je lui envoie des petits mots afin qu'elle me montre ses lectures. J'ai l'impression d'être en classe et d'échanger des blagues sur le prof avec ma voisine. Fière, Placide me présente la Bible en hébreu qu'elle est en train d'étudier. Je connais peu de gens de son âge capables de lire l'hébreu. D'ailleurs, je ne connais personne qui le maîtrise à ce point. Un jour, après le départ de Philippe et de Gaëtane, je me balade avec ma petite caméra et sœur Placide me saute littéralement dessus, plantant son visage de mamie dans l'objectif de l'appareil dont elle n'a pas totalement compris l'usage. Elle désire s'assurer que je n'ai pas trop chaud, trop froid ou faim, je ne sais plus. Elle veut causer, tout bêtement.

Même pour les religieuses, il est difficile d'appliquer à la lettre le précepte qui les oblige à garder le silence une grande partie de la journée. Du milieu de la matinée jusqu'à la fin de l'après-midi, elles ne doivent pas parler, disons *inutilement*. Elles ne sont censées échanger qu'en cas de force majeure ou pour régler des soucis d'ordre pratique. Puis, de la fin de l'après-midi jusqu'à 9 ou 10 heures le lendemain, c'est le grand silence. Durant ce laps de temps, seule la mère supérieure m'adresse la parole. Je comprends vite que je ne tirerai aucune réponse des autres.

Ma Placide adorée a donc repéré en moi une bonne camarade de discussion. Un matin, elle m'invite à la rejoindre dans son espace, dans les cuisines du sous-sol, là où elle épluche les légumes quotidiennement. Je filme ce moment avec ma caméra, posée sur un évier face à nous. Placide et moi portons des tabliers qui ne sont pas franchement à la dernière mode. Elle est coiffée d'un fichu – les sœurs travaillent en général sans leur voile afin de demeurer immaculées durant les offices. Un plateau posé sur les genoux, nous devisons en nettoyant des salades. Il me faut forcer la voix, Placide est un peu sourde. Je pourrais passer des journées entières assise à côté d'elle, à l'écouter me raconter ses origines simples, sa fierté d'avoir appris l'hébreu, son amour de Jésus et de Placide, son saint chéri.

Il m'arrive régulièrement, dans la vie comme en tournage, de prendre un peu de recul par rapport à la situation que je suis en train de vivre, pour profiter pleinement de la drôlerie de l'instant. Près de Placide ce jour-là, je sais que je vis un moment unique, en tablier moche, au sous-sol d'un monastère, à papoter avec une sœur vieillissante dont je n'aurais jamais dû, a priori, croiser la route.

Elle avait quatre-vingt-cinq ans, ma chère sœur Placide. Je dis *avait* parce qu'elle est morte en septembre 2015. Mère Marie-Rose m'a annoncé la nouvelle par e-mail. En lisant ses mots, j'ai eu de la peine. Puis je me suis rappelée que la mort n'avait pas la même signification pour elles. Alors j'ai souri. Dans leur monde, elle est légère puisqu'elle signifie la rencontre avec Jésus, leur amour. Ce n'est pas moi qui le dis, mais elles. J'ai du mal à l'entendre, comme bien d'autres paroles prononcées dans ces murs.

Avant de quitter Paris, j'ai écouté une interview de Jean Rochefort sur France Inter. La journaliste, Rebecca Manzoni, le questionnait sur ses prises de parole parfois loufoques et le génie moustachu a répondu cette phrase que je n'oublierai jamais : « L'incongruité me fait du bien. » Comment mieux résumer ma présence ici ? Elle est totalement incongrue. Je profite cependant de chaque seconde passée auprès des sœurs, comme je l'ai fait quelques semaines auparavant aux côtés de mes collègues ouvriers. Est-ce que la situation n'était pas tout aussi incongrue ? Moi la Parisienne bobo, la collectionneuse de chaussures, suis-je à ma place dans une usine ou au couvent ? Je ne suis pas des leurs, en revanche, je partage leur quotidien pleinement, comme le font rarement des étrangers à leur milieu. À chaque tournage, j'apprends à respecter les règles de ceux qui m'accueillent. Je laisse surtout la magie de l'instant opérer. C'est sans aucun doute ce que je préfère, les petits moments imprévisibles comme cette séance d'épluchage avec sœur Placide.

Le 28 février 2013, soit onze jours avant mon arrivée au couvent, le pape Benoît XVI a démissionné. En d'autres temps, cette nouvelle ne m'aurait pas particulièrement affectée. Sachant que j'allais me rendre à Chambarand quelques jours plus tard, l'annonce de l'élection imminente d'un nouveau pape m'a paru être un de ces fameux coups de chance qui frappent parfois les journalistes.

La journée du 13 mars touche à sa fin, je vis au monastère depuis deux jours et toujours pas l'ombre d'une fumée à Rome. Après avoir partagé le dîner des sœurs au réfectoire, je retrouve Philippe et Gaëtane hors clôture, à l'hôtellerie. Il est plus de 20 h 30, je m'apprête à quitter mes camarades pour monter dans ma cellule quand mère Marie-Rose entre en trombe dans la salle à manger que nous occupons.

— Venez vite ! Ça y est ! Vite !

Nous nous levons tous les trois sans vraiment comprendre de quoi il s'agit et nous mettons à courir, toutes proportions gardées, derrière la mère supérieure. Tandis que nous nous précipitons vers la seule salle du monastère dotée d'un téléviseur, elle nous apprend que la fumée blanche est apparue au Vatican. Les cloches résonnent dans le cloître, appelant au rassemblement de la communauté. Les sœurs arrivent de partout. L'ambiance est électrique, toutes sont surexcitées, mère Marie-Rose en tête. Cette femme d'autorité a tout à coup treize ans. Quand elle s'installe dans la vaste salle de réunion, face à l'écran, elle trépigne sur son siège comme une midinette. Les religieuses de Chambarand vont enfin connaître le nom de leur nouveau guide. Le silence n'est plus de mise, saint Benoît n'a momentanément plus voix au chapitre. La pièce prend des allures de poulailler et je bois du petit-lait.

Au cas où, l'après-midi même, un réparateur de télévision est venu installer une parabole sur le toit. Une parabole de plus. Il était inimaginable pour les sœurs de manquer ce moment. Nous voilà donc assises devant KTO, la chaîne catholique. Je plaisante avec les unes et les autres, profitant de ce rare espace de bavardage. Étrangement, elles ne semblent pas très au courant des éventuels successeurs de Joseph Ratzinger, malgré la revue de presse bihebdomadaire de sœur Christine, une ancienne employée de la Banque de France. Peu importe les candidats, mère Marie-Rose a une boîte de chocolats posée sur ses genoux bondissants : ce soir, c'est la fête.

Enfin, le nom tant attendu est dévoilé : Jorge Mario Bergoglio est le nouveau souverain pontife. Un ange passe parmi les voiles. Elles n'ont pas très bien entendu ou ne le connaissent pas. Jorge comment ? C'est une explosion de joie quand les sœurs comprennent qu'il s'agit d'un jésuite argentin. À ma grande surprise, je constate que chez les religieuses aussi, les Argentins ont la cote. Il faut dire que le nouvel élu a tout pour lui. Ses origines non européennes pour une fois, son passage chez les Jésuites, l'attention qu'il porte aux plus pauvres depuis des décennies, jusqu'au choix de son nom. Décidément, ce François remporte tous les suffrages.

En décrivant cette scène surréaliste, des années plus tard, j'en souris encore. Il me paraissait important de vivre cet événement avec la communauté, mais je n'imaginais pas l'état d'euphorie dans lequel elle serait transportée. Cet homme sera leur guide jusqu'à la fin de son pontificat, elles obéiront à sa parole coûte que coûte, elles prieront pour lui. Le saint-père est le représentant de Dieu sur terre. Pour moi, ce ne sont que des mots, pas pour elles. Plus surprenant, il y a dans leur réaction un petit côté prépubère qui me plaît beaucoup. Il est aussi un grand frère, un modèle, comme un chef de bande séduisant qu'on admire. Je dois avouer que ce jour-là, je partage leur joie. J'aime l'exotisme de ses origines, à la différence de son prédécesseur allemand au passé sulfureux. La curie a voulu marquer un vrai changement en l'élisant. J'apprécie la mission qu'il mène auprès des plus pauvres. Enfin un vrai catho de gauche, c'est en tout cas l'impression qui s'en dégage à ce moment-là. Et en plus, il a une bonne tête. Décidément, moi aussi, je fais ma midinette.

Après avoir enfreint les règles pour la bonne cause et pioché dans la boîte de chocolats que nous tend mère Marie-Rose, nous remontons dans nos cellules peu avant 22 heures. Je m'endors rapidement. Pas sûr en revanche que ce soit le cas des sœurs, survoltées par l'heureuse nouvelle.

Aussi surprenant que cela puisse paraître, je m'amuse au monastère. Je ne m'ennuie jamais, malgré ces longues parenthèses silencieuses passées à l'église, dans ma cellule ou au réfectoire, où seul le bruit des couverts a sa place. Régulièrement, nous menons des entretiens avec une ou deux religieuses. Le reste du temps, l'introspection est de mise. Mes proches me manquent un peu, leur absence est cependant supportable. Chaque jour, je fabrique des chapelets. L'exercice s'avère plus compliqué que prévu mais je finis par y arriver. Mon esprit est au repos. Les tracas quotidiens, les drames de ce monde paraissent si loin. Je prends conscience de l'univers parallèle dans lequel vit la communauté.

Les sœurs sont protégées du chômage, apparemment imperméables aux famines et guerres civiles, étrangères au terrorisme et à la bêtise sous toutes ses formes. La clôture, cette ligne imaginaire et pourtant si concrète, les met à l'abri des maux du monde. J'ai les pires difficultés à comprendre ce choix de l'isolement. Elles ne le voient pas du tout comme cela et prétendent prier pour nous. Quelle portée cela a-t-il quand on ne croit pas ? Qui peut profiter de leur charité, puisqu'elles ne sortent pas de Chambarand ? Les cisterciennes font partie d'un ordre régulier : elles suivent les règles bénédictines, ne vivent pas auprès de tous, *dans le monde* comme on dit chez les religieux, contrairement aux ordres séculiers, qui s'établissent au cœur de la société. Quand je leur déclare que leur bienveillance serait bien plus utile dehors, cela les fait rire. Je ne vois pas ce que ça a de drôle. Cet exil volontaire est une des pierres d'achoppement lors de nos discussions. Ce ne sera pas la seule, mon absence de foi oblige. D'ailleurs, jusqu'au jour de mon départ, jamais les sœurs n'abordent la question de ma foi. Depuis mon arrivée, elles constatent forcément que je ne participe pas activement aux offices. Je suis là, je me signe mais ne chante pas, ne communie jamais et ne vais pas non plus me faire bénir par mère Marie-Rose, chaque soir après complies. Il faudrait être un bien piètre observateur pour ne pas deviner que je ne crois pas. Et pourtant, personne ne me questionne, alors même que la foi est omniprésente dans nos conversations.

Les sœurs ne possèdent pas de téléphone portable. Je décide donc en arrivant au couvent de laisser le mien en cellule la plupart du temps. Décision inutile car, au sein du monastère, il n'y a quasiment pas de réseau. C'était aussi prévisible que drôle. Chaque fois que je veux prendre des nouvelles de mon entourage, je dois sortir dans le parc et monter sur une butte en plein champ, sous un arbre, métaphore de mon lien avec l'extérieur.

Dans le bâtiment, quelques ordinateurs sont connectés à Internet. Mère Marie-Rose en dispose pour demeurer en lien avec les communautés cisterciennes du monde entier, sœur Claire-Françoise aussi puisqu'elle est en charge de l'activité commerciale du monastère et donc des commandes de chapelets. Il existe également une petite salle informatique ouverte à toutes, mais dans laquelle quasiment personne ne pénètre jamais. Je vais m'y brancher de temps en temps. Dans cette salle, je montre à une sœur installée près de moi à quoi ressemble Facebook. Situation incongrue s'il en est. Elle a entendu parler de ce réseau mais n'est jamais allée s'y balader. C'est peu de dire qu'elle boit mes paroles. Très vite, elle évalue l'utilité mais aussi les vices de ce site. Elle mesure qu'il n'y a d'intérêt dans ce média que par ce que les uns et les autres y postent. Elle a tout compris à ce monde qui lui est pourtant si étranger.

Décidément, la communauté ne cesse de me surprendre. Un jour que je discute avec sœur Marie-Georgette, nous évoquons la proximité de leur cimetière. Cette moniale de près de quatre-vingts ans a des tombes sous les yeux en permanence. Elle les aperçoit des fenêtres de la cuisine où elle prépare les confitures. Personnellement, je serais horrifiée de passer ma vie à quelques mètres de ma future sépulture. Pas elle, elle en rit, ne voyant pas du tout où est le problème. C'est étrange, je suis souvent celle qui semble être à côté de la plaque. C'est le monde à l'envers. La mort est une joie pour les moniales car elle signifie leur rencontre avec Jésus-Christ. Enfin elles vont avoir rendez-vous avec celui qu'elles aiment plus que tout, l'homme qui les a un jour menées aux portes du cloître. Elles nourrissent toutes un amour démesuré pour le fils de Dieu. Quand elles l'évoquent, les sœurs ont les yeux qui brillent, elles sourient en prononçant son nom. Et moi, je les écoute, dubitative. Est-ce que j'ai un jour été amoureuse à ce point ?

L'amour est un thème qui revient régulièrement dans nos conversations. Un échange avec sœur Fabiola reste ancré dans mon esprit. Elle a plus de quatre-vingts ans et son sublime visage ridé nous fait dire à Philippe et moi, qu'elle a dû être une très belle femme. Assez grande pour son âge, elle a les jambes abîmées, les hanches certainement dans un piteux état, mais elle s'oblige à marcher un peu chaque jour dans la propriété. Je devine en discutant avec Fabiola qu'elle vient d'un milieu bourgeois et aisé, de ces familles d'intellectuels dans lesquelles la pratique de sports extrêmes comme la course automobile ou l'escalade aidait à élever l'âme autant qu'à dompter le corps. Il y a une soixantaine d'années, elle était fiancée à Gaby. Ils s'aimaient profondément. J'imagine les photos en noir et blanc de ce couple de beaux jeunes gens, tirés à quatre épingles, dans la France d'après-guerre. Fabiola et son fiancé ont fait l'amour, elle ne s'en cache pas. Visiblement, la sœur en garde de très bons souvenirs.

Un jour pourtant, Fabiola en a aimé un autre. Pour une raison qui échappe encore à la pauvre cartésienne que je suis, Fabiola est tombée éperdument amoureuse de Jésus. Elle a décidé de quitter Gaby parce qu'elle ne pouvait aimer deux hommes à la fois. J'ai beau écarquiller les yeux comme une enfant, doucement lui reprocher d'avoir brisé le cœur de son fiancé, lui rappeler que Jésus ne pouvait et ne pourra jamais la serrer dans ses bras comme son amoureux, elle n'en démord pas. L'amour de Jésus est et sera toujours plus fort que celui de l'homme avec qui elle pensait passer le reste de ses jours. Je l'écoute, entre émotion et rire nerveux. Comment peut-on faire une chose pareille quand on a l'air sain de corps et d'esprit ? Pauvre Gaby. Comment le jeune homme d'alors pouvait-il lutter contre Jésus-Christ ?

Cette histoire insensée ne s'arrête pas là. Fabiola m'apprend que son ancien fiancé vient lui rendre visite chaque année, et qu'il ne s'est jamais marié. Ils s'aiment encore, m'assure-t-elle, mais plus de la même manière. Je demeure sans voix. L'histoire d'amour de Fabiola et de son fiancé est d'un romantisme absolu et pourtant, j'éprouve une profonde tristesse pour lui. Je l'imagine marcher chaque année dans la grande allée qui mène à la porte du couvent, sonner au carillon, s'installer dans une de ces petites pièces anonymes qu'on met à la disposition des visiteurs qui viennent embrasser leur sœur, leur fille, leur amour perdu. Il partage un thé avec Fabiola, la regarde, l'écoute. Ose-t-il frôler sa main ? Passe-t-il une nuit à l'hôtellerie du monastère avant de reprendre son train ? Inexorablement, il la quitte, impatient déjà de revoir sa chère amie. Sœur Fabiola essaie tant bien que mal de m'expliquer l'amour divin qui l'anime, mais elle voit bien que je ne comprends pas son choix. Je ne peux l'admettre parce que la foi fulgurante qui la transcende m'est étrangère. Cependant, l'histoire de Fabiola est une des plus belles choses qu'il m'ait été donné d'entendre.

Ma foi défaillante ressurgit à chaque fois qu'une sœur tente de me décrire comment et pourquoi elle a décidé de dédier sa vie à Dieu. Il est difficile pour elles de répondre à cette interrogation, à des questions qu'elles ne se sont sûrement jamais posées en ces termes. Y a-t-il un instant précis, une raison particulière qui mènent à l'engagement monastique ?

Pour sœur Marie-Charles, c'est une photographie qui a tout déclenché. À dix-sept ans, alors qu'elle était déjà une fervente catholique, elle est tombée sur un ouvrage qui rassemble des clichés pris à différentes époques et dans divers monastères. Heureux hasard, le livre se trouve à la bibliothèque du couvent. La photo en noir et blanc qu'elle me montre représente une religieuse dans un couloir, face à une charrette sur laquelle sont posés un matelas roulé et un tapis. Près d'elle, une autre moniale porte un carton, comme si elles étaient en plein déménagement. Pourquoi cette religieuse poussant un chariot a-t-elle bouleversé sœur Marie-Charles ? Est-ce la représentation de sa vie qui se trouvait sur ce frêle engin ? Une vie faite de peu, un tapis et un matelas, ce qui n'entravait visiblement pas le bonheur de la jeune femme. Sœur Marie-Charles ne trouve pas les mots pour m'expliquer pourquoi cette image a transformé son existence. En la regardant à nouveau, des années plus tard, elle est encore émue. Pourquoi cette photo a-t-elle décidé de la route que prendrait la jeune femme ? Qu'est-ce qui fait que la foi devient tellement forte qu'elle vous envahit pour prendre totalement possession de vous ? J'ai beau questionner, creuser, harceler les sœurs, l'amour du Christ revient toujours. Je les entends, mais est-ce que je comprends ce qu'elles tentent de me dire si simplement ?

Dans certains cas, c'est avant tout la pression sociale qui a eu raison de leur destin et les a menées du foyer familial jusqu'au monastère voisin. Peu nombreuses, il s'agit souvent des plus âgées de la communauté, celles qui sont nées à une époque où une fratrie trop peuplée imposait aux parents de faire des choix radicaux. J'espère que ces dernières ont su trouver de la joie dans cette vie faite de renoncements. Qu'aurait été leur existence si elles étaient nées dans une famille riche, en ville, sans une nichée de frères et sœurs ?

Sœur Claire-Françoise a un parcours un peu différent des autres. La quarantaine à peine fêtée, elle est une des plus jeunes du couvent. Claire-Françoise est responsable de la commercialisation des chapelets. Brunes toutes les deux, plutôt menues et grandes, nous nous ressemblons un peu. Nous blaguons souvent ensemble. Je décèle chez elle une réelle bienveillance quand, lors de mon premier repas au réfectoire, alors qu'elle est assise en face de moi, elle m'avertit d'un regard si je ne me lève pas au bon moment ou si je ne plie pas ma serviette comme il le faudrait. Ses signaux rieurs dans ce silence assourdissant sont touchants et drôles. À l'église, elle est également assise face à moi de l'autre côté de la nef et, avec sa voisine Gaby, nous nous lançons régulièrement des œillades.

Claire-Françoise est la fille de parents très âgés, de ceux qui n'ont pas appris à dialoguer, partager ou aimer leurs enfants de la manière la plus naturelle qui soit. Dès l'adolescence, on la laisse faire ce qu'elle veut. Ses vieux parents ont confiance, ils n'imaginent pas les dangers auxquels leur fille peut s'exposer. Elle traîne alors à droite à gauche, comme on le fait quand les limites n'existent pas, elle fréquente des squats, devient *punk* comme elle dit. La jeune fille goûte à diverses drogues, elle se perd peu à peu. Puis vient l'âge de travailler.

Claire-Françoise devient libraire parce qu'elle a toujours aimé les livres. Mais elle n'est pas heureuse, il manque quelque chose à son épanouissement. Un matin, alors qu'elle est allongée sur son lit, elle fond subitement en larmes. Elle s'écroule, dévastée durant plusieurs semaines, avant de ressentir ce que je n'arrive toujours pas à concevoir. Petit à petit, le calme et la plénitude l'envahissent. Il est là. Alors qu'elle n'a jamais été une fervente catholique, celle qui deviendra soeur Claire-Françoise décide de consacrer sa vie à Dieu. C'est son destin, ce pour quoi elle est faite. Quelques années plus tard, nous voilà toutes les deux en train de deviser, en fabriquant des chapelets. Elle, l'ancienne punk désormais voilée, et moi, bouche bée.

Le jour de notre départ, mère Marie-Rose propose de rassembler toute la communauté dans la grande salle, celle qui nous a vues fêter l'élection du pape François. J'appréhende le moment de mon laïus final, j'ai peur d'être émue à l'heure des remerciements et du bilan. Finalement, je crois que les sœurs le sont plus que moi. Plusieurs d'entre elles, dont mère Marie-Rose, m'ont appelée sœur Alexandra durant mon séjour, lapsus qui m'a évidemment fait un plaisir immense. N'est-ce pas la preuve que je me suis totalement fondue dans leur monde, même momentanément ? Je pense même que Philippe, Gaëtane et moi y avons insufflé un peu de fantaisie. Notre présence a été une sorte de récréation. En visiteurs bienveillants, nous avons toujours fait attention de ne pas les perturber dans leurs habitudes, tâchant de ne pas faire de bruit durant les offices. Pour ça, les sœurs nous remercient. Enfin, parce que le sujet me brûle les lèvres depuis des jours, j'aborde leur absence de questions à propos de ma foi. Elles partent alors dans un grand éclat de rire. Ma foi, ou plutôt sa criante inexistence, leur a sauté aux yeux dès mon arrivée. Le fait que je ne croie pas leur est égal, me disent-elles, ce n'était pas une condition à ma venue. Elles ont décidé d'ouvrir grandes leurs portes pour nous laisser pénétrer leur univers clos, sans contrepartie, si ce n'est celle du respect de leurs règles. Mère Marie-Rose me remercie même de ne pas avoir singé la bonne catholique, elle ne l'aurait pas apprécié. En revanche, elle est touchée que je me sois présentée à elle pour la bénédiction, la veille au soir après complies. Son large sourire quand elle a fait le signe de croix sur mon front à la veille de mon départ ne m'a pas trompée.

Mon athéisme pardonné, elles auraient cependant aimé que j'entrevoie un filet de lumière, même le plus mince. En secret, je crois qu'elles ont espéré que mon séjour auprès d'elles ait ravivé quelque chose en moi. Certes j'ai changé, j'ai découvert un monde qui m'était alors inconnu, j'ai aimé le ballet de leurs robes dans le cloître, le son des étoffes dans le silence de l'église, j'ai adoré leurs rides et les sourires silencieux, les légumes cuits à l'eau – quand je rêvais de charcuterie –, les confitures de sœur Georgette-Marie, le *Kyrie eleison*, le chapitre matinal et la lecture sans cesse répétée des règles bénédictines, mais la foi n'est toujours pas là.

J'essaie de croire en l'Homme, mes sœurs. Ce n'est pas toujours facile. Je vais donc m'en tenir là et retourner dans mon monde, celui où vit encore, pour un temps, un être divin nommé David Bowie.

La REPASSEUSE

Durant les quatre saisons de *21 Jours*, nous tournons trois documentaires par an. En général, il se passe un mois, parfois deux, avant que nous ne repartions à la découverte de lieux et de populations souvent diamétralement opposés. Après trois semaines au couvent, j'enchaîne avec vingt et un jours dans l'industrie du X. Le journalisme a cela de passionnant qu'il permet de changer de milieu régulièrement. En termes de variété, j'ai été bien servie cette année-là.

J'avoue avoir un peu joué les girouettes à propos du porno. Dans un premier temps, je pense à tort – je m'en rendrai compte par la suite – qu'il y a des sujets plus urgents à traiter. Il me faut quelques mois pour changer d'avis. L'insistance de tous m'a convaincue. Je ne le regrette pas.

En France, le X est aussi méconnu que mal perçu par le public. Soit parce qu'il ne regarde pas ce genre de films, soit parce que la vie des *hardeurs*, comme on les appelle, ne l'intéresse pas. La réalité, c'est que pour la majorité des Français, qu'ils soient consommateurs de porno ou non, les acteurs passent pour des cons et les actrices pour des putes. Ces termes durs sont choisis, on ne fait pas de détail avec les sots métiers. Faire commerce de son corps de cette façon ne peut être que le fait de dégénérés. Est-on plus idiote qu'une autre quand on est la reine des gorges profondes ? Je ne l'espère pas. La situation est bien différente outre-Atlantique. Les tournages y sont beaucoup plus nombreux. Contrairement à la France, le circuit professionnel est reconnu en tant que tel. Sur ce terrain, la mauvaise foi de nos pouvoirs publics est sans limites. Les acteurs français réclament en vain un syndicat similaire à celui qui sévit aux États-Unis et qui pourrait les rassembler, les protéger et officialiser enfin leur existence. Là-bas, quand un hardeur est retenu pour un rôle, la production a directement accès à ses résultats d'analyses, qui comprennent le HIV mais aussi une ribambelle d'autres tests. Ils sont centralisés sur un site internet dédié. Tous peuvent donc travailler en confiance, à une époque où la syphilis fait à nouveau des victimes. Chez nous, chacun se débrouille pour envoyer ses résultats récents aux productions. Tant de laxisme semble aberrant, mais que faire ?

Les a priori sur le porno sont nombreux et c'est justement ce qui me pousse à m'intéresser à ce milieu comme l'ont si bien fait avant nous Mireille Darc, Virginie Despentes ou Ovidie, une actrice devenue réalisatrice. Notre démarche est la même que pour les autres documentaires, même si, plus que jamais, l'univers en question est un nid à fantasmes. Qui sont les personnages qui peuplent ce monde ? Comment vivent-ils ? Pourquoi avoir choisi cette carrière ? Et après le porno, on fait quoi ? Avec du recul, ce film est aujourd'hui un de mes préférés, ce qui ne signifie pas qu'il ait été le plus simple à réaliser. C'est même tout le contraire. Un parcours semé d'embûches, voilà ce que sont les quelques mois de préparation et de tournage de *21 Jours classés X*.

Olivier, rédacteur en chef du *Journal du hard* chez Capa depuis des années, s'avère d'une aide précieuse. Il a un savoir encyclopédique de ce secteur. Français ou étrangers, il peut dérouler la filmographie de tous, a une expertise précise des productions et de leur évolution. Olivier a suivi de près l'arrivée du porno amateur sur Internet, une révolution dans ce milieu méconnu. Il a le nez creux quand il me conseille de prendre rapidement rendez-vous avec Liza del Sierra. Actrice depuis une dizaine d'années, elle est alors en train de se reconvertir à la réalisation. Le changement n'est pas radical, puisqu'elle ne quitte pas son domaine professionnel, il est tout de même notable. Les réalisatrices de X sont relativement rares. Liza a moins envie de faire l'actrice et désire passer de l'autre côté de la caméra. Il me paraît courageux de vouloir diriger dans ce monde a priori machiste, dont l'économie vacille depuis l'arrivée des productions à bas coût. D'emblée, je pressens que cette Liza n'a pas froid aux yeux.

J'en ai la confirmation lors de notre première entrevue, plusieurs mois avant que ne commence le tournage. Nous nous retrouvons un soir d'hiver dans un café parisien. Liza est très jolie, pas très grande, ses cheveux châtains sont tirés en chignon haut à la manière des danseuses classiques. La jeune femme semble sûre d'elle. Elle est fière de sa carrière, en France comme aux États-Unis. Quand Liza vous parle, c'est les yeux dans les yeux. Je me rendrai compte par la suite qu'elle possède un caractère bien trempé. Ce n'est pas forcément un défaut, il faut juste en avoir conscience. Je devrai faire avec au fil des semaines, ai-je vraiment le choix ? Elle n'a pas trente ans, n'est pas maquillée, elle porte un jean et un T-shirt. Ce soir-là dans ce bar, c'est une jeune fille comme toutes les autres. Liza vient accompagnée de Vincent, son producteur. Beau garçon, blond, classique, il est poli et drôle. Je ne suis pas fière aujourd'hui du sentiment qui m'anime en les rencontrant. Je dois l'avouer, je me demande comment il est possible que ces deux-là, avec leur physique passe-partout, fassent vraiment partie de l'industrie du X. Comme si, dans ce milieu, on devait avoir la gueule de l'emploi. Qu'est-ce que j'imaginais ? Que Liza se présenterait en guêpière de cuir et talons aiguilles ? N'importe quoi. Vincent vient du marketing. Il est passé par une grande chaîne de télévision avant de diriger une des plus grosses sociétés françaises de production de X. Selon lui, le porno est un secteur professionnel comme un autre. *Comme un autre*, je ne sais pas, je suis justement là pour le savoir. Mais que ce soit une industrie extrêmement populaire, même si la majorité n'ose avouer visionner ce type de films, c'est indéniable.

Liza a débuté dix ans plus tôt comme strip-teaseuse dans un peep-show. Adolescente, elle a pratiqué la danse, mais comment se retrouve-t-on dans ce genre d'endroit à dix-huit ans ? Au fil de nos discussions, j'apprendrai qu'elle a traversé des périodes de conflits avec ses parents, qu'elle a quitté le foyer familial assez jeune avant de traîner dans la rue quelque temps. Battante, elle ne s'est jamais laissé partir à la dérive. Alors qu'elle avait été bonne élève, Liza a abandonné ses études, pressée de gagner de l'argent. Alors le peep-show ou autre chose... J'ai le pressentiment, sans qu'elle l'exprime vraiment, que ce choix lui a donné l'occasion à l'époque de bousculer sa famille. On peut difficilement trouver mieux pour dire *merde* à ses parents.

Aujourd'hui encore, je suis étonnée par les similitudes entre le tournage au couvent et ce que vont me raconter nombre de hardeurs. Sœur Claire-Françoise, l'ancienne punk, comme Liza et ses consœurs ont emprunté des chemins de vies extrêmes après s'être parfois un peu perdues. Elles ont toutes voulu secouer des parents dont la seule faute était justement d'être parents. À une ou deux reprises, Philippe – qui réalise ce numéro après celui au couvent – et moi, nous sommes ébahis par la ressemblance entre les paroles prononcées par les actrices de X et celles de certaines religieuses entendues quelques semaines plus tôt. Par je ne sais quel miracle, ces parcours si distincts ont des dénominateurs communs. Libérer la parole d'autrui réserve décidément de belles surprises.

Tout juste majeure à l'époque où elle débute au peep-show, Liza a une connaissance sommaire de la sexualité mais elle dégage déjà une sensualité qui réveillerait un mort. Rapidement, on lui propose un tournage. Quand elle se remémore ces premières années, tout semble couler de source. Liza a très vite opéré une sorte de dichotomie entre la jeune fille qu'elle était et l'actrice porno qu'elle devenait. À force de la côtoyer, j'ai le sentiment qu'elle s'est endurcie à l'extrême durant cette période. En dix ans, elle a construit une carrière exceptionnelle pour une Française, tant en termes de longévité – la plupart disparaissent aussi vite qu'elles sont apparues – que de notoriété. Liza en tire une grande fierté, mais est-elle heureuse pour autant ? Son métier méconnu fait peur, on l'associe forcément à la vulgarité. Elle excite les hommes, mais quel regard portent-ils réellement sur elle dans l'intimité ? Et les autres femmes, quels sentiments nourrissent-elles à son égard ? Il sera complexe pour moi de la faire parler mais j'ai du temps et une carapace à toute épreuve. Ce sont mes meilleurs atouts.

Lors de cette prise de contact, nous nous accordons rapidement sur le programme des semaines à venir. Liza doit réaliser dans les prochains mois un long-métrage pour Canal Plus. Elle prévoit également de tourner quelques scènes de *gonzo* en Roumanie, pour une diffusion sur Internet. En entrant dans ce milieu, je m'apprête à enrichir mon vocabulaire. Comme dans le journalisme, le terme gonzo qualifie une vidéo tournée en caméra subjective qui immerge totalement le spectateur dans l'action. Généralement, dans les gonzos X, on ne glisse pas l'ombre d'une intrigue. Non pas que les films pornos soient connus pour leurs fulgurances scénaristiques, mais en l'occurrence, ceux-là ne contiennent que du sexe.

Un détail reste à définir, et pas des moindres. Nous savons ce que nous tournerons, mais moi, quel rôle aurai-je dans cet épisode ? La nature de notre collection doit rester inchangée. Je ne dois pas me cantonner à un statut de simple observatrice. Quelle tâche peut-on me confier ? À l'évidence, je ne vais pas devenir actrice, même si mon entourage évoque cette possibilité durant des mois, le sourire aux lèvres. Je serai donc l'assistante de Liza. Rangement des accessoires, repassage des vêtements, organisation des repas, voilà en substance les fonctions qui m'incombent. Pour être tout à fait franche, ce poste est créé de toutes pièces pour l'occasion. Les budgets des films X sont tellement serrés que les réalisateurs n'ont jamais de second. Cette fois-ci, Liza a de la chance.

Tous les projets évoqués au cours de cette première entrevue verront le jour. Nous sommes partis en Roumanie et nous avons suivi le tournage de Liza pour la chaîne cryptée, dans une sublime maison de la banlieue parisienne. En revanche, des mois sont nécessaires pour caler, décaler puis recaler des dates qui ne cessent de changer. Liza joue peut-être de malchance, mais cet univers engendre ce type de déconvenues. À titre d'exemple, la production réserve une villa en France pour tourner le film de la jeune femme. Liza est ravie, elle connaît cet endroit pour y avoir déjà travaillé. C'est le lieu idéal selon elle. Quelques jours avant la date fatidique, le propriétaire annule pour une raison demeurée mystérieuse. A-t-il trouvé des clients plus riches ou qui occuperaient la maison plus longtemps que nous et nos quatre petites journées de location ? A-t-il eu peur ou honte de louer sa demeure à une production de films X ? Liza y a déjà bossé, ça ne semblait pas poser de problème. Peu importe le motif, le tournage est ajourné, le temps de trouver un nouveau lieu. Contrairement à nos habitudes, nous tournons donc ce documentaire de manière totalement décousue, au gré des informations qu'on nous donne, des dates qui évoluent et sur une durée bien supérieure à trois semaines. Si nous avions voulu rester dans les clous, nous aurions perdu la partie. Cet épisode est l'exception qui confirme la règle.

Si je reviens sur ces accidents de parcours, c'est qu'ils ont leur importance. Je ressens une forte appréhension avant de commencer ce film, et les problèmes d'organisation ne vont pas vraiment apaiser mes angoisses. Tout est motif à complications. Les personnages que nous suivons sont très méfiants.

On peut les comprendre, ils ne sont pas toujours bien traités par la presse. Sans cesse, nous devons les rassurer sur nos intentions. De plus, j'avoue éprouver une forte empathie envers les personnes que nous filmons, tournage après tournage. Cette fois-ci, ma bienveillance ne risque-t-elle pas de nous faire passer à côté du sujet ? Cerise sur le gâteau, je stresse à l'idée d'assister à des scènes de sexe. Qu'est-ce qui m'effraie, au juste ? Ai-je peur de rire parfois, mue par une gêne un peu nerveuse ? Peut-être. Comment réagir face à des gens nus faisant l'amour devant moi ? À titre personnel, je n'ai jamais vécu ce genre de situation. Avant que nous ne commencions, ces nombreuses questions m'obsèdent.

Arrive le jour J. Liza a trouvé un nouveau décor pour son film, un casting de huit hardeurs est réuni. Nous allons enfin entrer dans le vif du sujet.

Rendez-vous est pris avec toute l'équipe du film dans une bourgade chic de la banlieue ouest de Paris. Les pièces de la sublime demeure bourgeoise qui nous accueille sont vastes, meublées avec goût. Un parc immense encercle la maison. Il fait très beau, très chaud. Hasard du calendrier, un autre tournage a lieu dans la même rue. Il s'agit d'un téléfilm qui rassemble un casting d'acteurs populaires, dont Michèle Bernier. D'un côté à l'autre de la route, les scénarios diffèrent légèrement. Je ne connais pas l'intrigue jouée par nos voisins mais chez nous, il sera question d'un week-end libertin rassemblant quatre couples de vingt à quarante ans. Voilà en substance le scénario de notre film.

Les huit hardeurs – quatre hommes et quatre femmes – ont été mis au courant de notre présence par Philippe. Deux seulement refusent d'apparaître dans notre documentaire : Paul, un comédien confirmé, et Christophe, très beau jeune homme habitué des clubs libertins mais débutant en matière de porno. Il a tourné dans un seul film jusque-là et ne compte pas faire de vieux os dans ce milieu. Christophe vient de se faire embaucher dans une société suisse fort sérieuse. On comprend aisément son désir d'anonymat.

Dès notre arrivée, nous vivons une situation des plus cocasses. Christophe le novice se présente à Fred, un vieux de la vieille, vingt-deux ans de carrière au compteur. Fred vit en couple avec Sylvie, elle aussi hardeuse et présente au casting du film.

— Salut, tu vas bien ? Tiens, c'est toi qui viens de tourner une scène avec ma femme sur le dernier John B. Root, non ?

— Ah mais oui, bien sûr ! Très sympa, ta femme !

Nous buvons un café dans la cuisine, et déjà les discussions adoptent ce ton décalé qui fait toute la différence.

Les situations de ce genre vont se multiplier, ce qui a le don de me rassurer. L'ambiance est décontractée même si, durant les premières heures, les filles sont plus réservées que les garçons à mon égard. Quand arrive Phil Holiday, je me détends encore un peu plus. À quarante ans, le comédien a déjà tourné près de deux mille scènes. « Philippe Vacances », puisque tel est son pseudo, est un beau garçon, très drôle. À l'aise, il a un mot gentil pour chacun, y compris pour les *étrangers* que nous sommes.

Liza m'indique la pièce où stocker les vêtements. Costumes et chemises blanches pour les hommes, robes et sous-vêtements sexys, talons haut perchés et bijoux clinquants pour les femmes. Un portant au nom de chacun est installé dans la grande chambre qui sert de dressing, vestiaire, lieu de repos, de répétition et de tournage. Dans le porno, rien ne se perd, tout se transforme. Je me présente à tous, techniciens et comédiens, que j'informe de ma principale fonction : récupérer les vêtements et accessoires à la fin de chaque scène. Je dois ensuite les remettre en état – ce qui sous-entend parfois un nettoyage succinct – pour la séquence suivante. Mon rôle d'assistante est clair. Ils verront la journaliste s'immiscer dans les conversations au fur et à mesure. Il est encore un peu tôt.

Le tournage débute par une scène de sexe à plusieurs. Mon baptême du feu. Dans une chambre sont réunis trois filles et deux garçons, Phil et Christophe le novice. Liza leur détaille le déroulement des opérations. Les actrices ouvriront le bal par des fellations – un basique du X s'il en est –. S'enchaîneront pénétrations vaginales et anales. Les deux garçons mettront un terme à la scène en éjaculant, de concert, sur une des comédiennes. Le programme peut paraître un tantinet chargé pour qui a une vie sexuelle conventionnelle, mais il est banal pour un porno. Le but d'un film X est d'amener le spectateur au plaisir, voire à l'orgasme. On offre au *masturbateur* potentiel le menu le plus complet possible. CQFD.

Je ne décèle ni violence, physique ou verbale, ni humiliation dans ce que je vois. Les participants sont évidemment consentants. La sodomie comme passage obligé est-elle choquante ? En l'occurrence elle ne me heurte pas, puisque les comédiennes savent précisément quelles positions elles doivent adopter et avec quel partenaire. Qu'est-ce qui offusque donc dans ce cinéma dit *pour adultes* ? Passé les réticences morales ou religieuses, le souci ne se situe pas dans le film en lui-même d'après moi, mais plutôt dans son mode de diffusion. De nos jours, je l'ai testé durant des semaines pour préparer ce documentaire, on peut visionner du sexe sur Internet vingt-quatre heures sur vingt-quatre, pendant des jours et sans débourser un centime. Des dizaines de fois, avant d'accéder à ces vidéos, on m'a demandé si j'étais majeure. J'ai répondu positivement. Si ça n'avait pas été le cas, que serait-il advenu ? Exactement la même chose. À onze, douze ans, j'aurais eu accès aux mêmes images. C'est précisément dans l'accès à ces scènes que se situe le problème. Comment un adolescent de onze ans – l'âge moyen du premier visionnage de films X – reçoit-il ce type d'images ? Quelle vision du sexe, du couple, de l'amour physique cela lui donne-t-il ? Cette question se pose depuis l'avènement d'Internet et la fermeture des vidéoclubs et des cinémas spécialisés, lesquels avaient l'avantage de filtrer les publics – pour le plus grand malheur des garçons de ma génération. Qui sont les fautifs ? Les comédiens qui gagnent leur vie tant bien que mal ? Les créateurs de ces sites ? Les pouvoirs publics, probablement laxistes sur la législation du cybersex ? Les parents parfois trop naïfs ? On ne peut en tout cas pas blâmer des adolescents curieux et bouillonnants.

Dans la chambre, l'ambiance est studieuse. Les acteurs se connaissent quasiment tous, ce qui facilite les relations sur le plateau. Liza est très concentrée, elle met les comédiens à l'aise, sans en faire trop. Novice dans son rôle de réalisatrice, elle se sait observée par ses anciens collègues. Les techniciens font leur travail comme sur un tournage classique. Si la moitié des personnes présentes dans cette pièce n'était pas nue, on pourrait presque oublier la nature de ce que nous sommes en train de filmer. Assise dans un coin, je me fais la plus discrète possible, distribuant des verres d'eau à chacun lors des pauses. Nous sommes en juin, en pleine canicule, et les projecteurs font encore monter la température du lieu. En ce milieu de journée, je repense à l'appréhension qui me tiraillait depuis des jours. Elle est oubliée. Le tournage a débuté et je suis auprès d'eux sans aucune gêne. Je me sens plutôt un peu voyeuse. Le regard irrésistiblement attiré par ces corps nus, je détaille l'anatomie de chacun. C'est plus fort que moi. Sexes, poitrines, fesses, je scrute chaque corps à ma portée. J'agirai de même après chaque clap de fin, quand les acteurs vaquent dans le plus simple appareil, s'arrêtant parfois entre deux portes pour discuter un peu. Regarder quelqu'un dans les yeux quand il est nu comme un ver n'est pas chose aisée. Très vite, je n'y prêterai plus attention. La force des habitudes est décidément sidérante.

Cette séquence qui réunit cinq des comédiens dure depuis des heures. La chaleur nous épuise tous. Philippe, Florent et moi dégoulinons de sueur, tout comme les acteurs. Les pauses sont nombreuses. Les corps et visages des filles commencent à briller, le maquillage fond comme neige au soleil. La vision de cette nudité n'est en rien excitante. Il s'agit d'une performance physique sans la moindre pointe d'érotisme. Les femmes utilisent du gel lubrifiant et les hommes se masturbent durant les pauses pour rester en érection. Là encore, il m'est compliqué de tenir un échange sans que mon regard ne soit immédiatement attiré par leur entrejambe. Mais je me concentre. La scène n'en finit pas. Christophe, l'habitué des clubs libertins, a les pires difficultés à tenir son érection. La technicité de ce travail me saute alors aux yeux. Comment peut-on bander cinq heures d'affilée ?

Fin de journée. La séquence est enfin en boîte. Chacun se rue vers les différentes douches de la maison pendant que je récupère, aux quatre coins du décor, chemises, pantalons et robes chiffonnés et parfois tachés. Dans la chambre-vestiaire, je repasse la chemise blanche de Phil. Commence une conversation entre Christophe le novice et lui. Concentrée sur ma tâche, j'oublie presque que Philippe nous filme. Christophe a sans nul doute ralenti le tournage. Il est honteux d'avoir fait subir à tous ses pannes à répétition, sous une chaleur de plomb. Phil, en vieux briscard, lui explique que les libertins deviennent rarement les meilleurs hardeurs. Être performant en club, c'est-à-dire en privé, ne signifie pas qu'on sera bon sur un plateau. Il entre ensuite dans une description détaillée de sa méthode pour rester en érection durant une longue scène. Transpirante et affairée à mon repassage, j'écoute attentivement les deux hommes à moitié dénudés.

— Avant de tourner, pour me mettre en condition, je dois penser à quelqu'un qui m'excite, nous dit Phil. Je passe en revue des bons coups ou des filles sur qui je fantasme et je m'arrête sur l'une d'elles… Par exemple, toi, Alexandra. Mignonne comme tu es, je t'imagine dans une situation qui m'excite. Ensuite, je peux me retrouver avec n'importe quelle partenaire. Elle peut être moche, complètement idiote. Peu importe. Je pense à toi et seulement à toi. Et ça marche !

Je ne mesure pas immédiatement l'incongruité de la situation. Pour mieux illustrer son propos, il vient de me prendre comme exemple. Le fer à la main, je ne suis pourtant pas très séduisante. Des comédiennes passent près de nous, souvent dans le plus simple appareil. Sur le moment, tout cela me paraît normal. Phil est charmant, il répond à mes questions avec un naturel déconcertant. À chaque fois que je visionne ce passage du documentaire, je ne peux m'empêcher de rire en revoyant mon visage concentré sur mon repassage, durant une leçon d'érection. Dans une fiction, un producteur refuserait une telle scène, la jugeant trop peu crédible.

Nous vivons une autre scène aussi drôle qu'inattendue. Une nuit, Nomi – quinze ans de carrière à son actif – et Paul, un comédien lui aussi aguerri, sont filmés sur l'îlot central de la cuisine. Le plan de travail ultramoderne se transforme en support de jeu sexuel. La prise se déroule sans entrave, les deux acteurs ont de la bouteille. Quand ils ont terminé, je remarque qu'ils se frottent les genoux. Ce métier est un calvaire pour le cartilage. À plus ou moins long terme, ils doivent tous y prêter attention et ne pas rester trop longtemps dans des positions qui mettent à l'épreuve leurs pauvres articulations. Comme pour les ouvriers de Sideo, on devrait mieux prendre en compte la pénibilité au travail des hardeurs.

Toujours occupée à mon repassage, je pose à Phil la question qui me brûle les lèvres depuis des semaines. Et le plaisir, dans tout ça ? La réponse ne se fait pas attendre. Il est pour ainsi dire inexistant dans ce métier. L'excitation est nécessaire, même si elle passe par des subterfuges. Le vrai plaisir, celui qu'on éprouve dans l'intimité, n'a pas sa place sur les plateaux. Hommes ou femmes, tous me feront la même réponse. Leur corps est un outil. Ils ont appris à s'en servir, mais il n'est pas source d'extase quand la caméra est allumée. Comme les autres,

Phil joue la farce de la jouissance pour la satisfaction du spectateur.

Phil est très heureux de son choix de carrière. Il aurait détesté enfourner des pizzas à longueur de journée. Cette référence au métier de pizzaiolo me fait sourire, mais pourquoi pas. Sa profession lui laisse du temps libre. Il n'est pas victime de ce sentiment d'aliénation souvent lié au travail et il arrive même qu'il s'amuse en bossant. Phil a passé son adolescence à regarder des films X de manière compulsive, presque maladive. Aujourd'hui, parce qu'il atteint techniquement une éjaculation à chaque tournage, sa drôle de profession lui permet d'assouvir un appétit sexuel qui lui bouffait la vie. Même si, en définitive, le bonheur est aussi fugace qu'amer. Entre liberté et jouissance, il a trouvé sa voie. Il a l'air heureux. Je sais toutefois qu'il lorgne vers le cinéma traditionnel. Il s'y est déjà frotté en quelques occasions. Mais n'est pas comédien qui veut. Phil est un performeur, nuance. Je suis toutefois persuadée que s'il est bien dirigé, un jour, il peut y arriver.

Une question me taraude depuis toujours. Pourquoi, un beau matin, se retrouve-t-on sur un plateau de film X ? Les réponses diffèrent selon qu'elles viennent d'un homme ou d'une femme. Les hommes disent avoir été motivés, dans un premier temps, par les multiples relations sexuelles qu'offre ce job. Coucher avec des dizaines, des centaines de femmes, n'est-ce pas l'assouvissement du fantasme ultime ?

Ils font ensuite carrière grâce à leurs performances, c'est la condition *sine qua non*. Enfin, reste à assumer cette vie. Raconter dans un dîner en ville qu'on est hardeur n'est pas chose aisée : soit la conversation coupe court, soit elle ne tourne plus qu'autour de ce sujet potentiellement graveleux.

La motivation financière n'entre que rarement en ligne de compte. Il faudrait multiplier les films pour s'en sortir, à une époque où ils sont de plus en plus rares. Dans le passé, il était possible de gagner correctement sa vie en tant qu'acteur porno. C'est moins le cas aujourd'hui. Chez les pros, les hommes sont rémunérés en moyenne quatre cents euros la scène. Pour les femmes, le tarif grimpe en général à six cents euros. À ma connaissance, c'est le seul secteur qui rémunère mieux les femmes que les hommes. L'explication est logique : ce sont les comédiennes qui attirent le public masculin. Cependant, pour elles non plus les salaires ne sont pas suffisants. En complément, les hardeuses font souvent des webcams. Moyennant rétribution et sur des sites dédiés, elles se déshabillent, se caressent ou se masturbent devant un ou plusieurs clients installés au chaud devant leur ordinateur. Il faut là aussi accumuler des heures de connexion pour espérer gagner suffisamment d'argent. Elles sont nombreuses à le faire chez elles, entre deux tournages.

Enfin, les acteurs professionnels ont également la possibilité d'arrondir leurs fins de mois avec les films *amateurs*, sachant que les budgets y sont réduits à l'état de peau de chagrin et qu'ils jouissent d'une mauvaise réputation dans le milieu. Les hommes peuvent plus facilement naviguer du pro à l'*amat*, on leur en tient peu rigueur. Ces incursions passent beaucoup moins bien chez les comédiennes. Durer dans le X est une tâche ardue pour une actrice, le public réclame sans cesse de nouveaux visages. Elles deviennent des biens vite périssables. Si en plus elles multiplient les apparitions dans des vidéos au rabais, en général peu reluisantes, le risque est grand de se transformer en étoile filante. Elles n'ont alors plus qu'à trouver un job plus *classique*. En espérant que leur futur employeur ne les reconnaisse pas.

Les dangers du X amateur – j'y reviendrai – me sont confirmés par Anna et Nomi. Stars en France, elles ne peuvent mettre en péril une longévité si durement acquise en se fourvoyant dans des productions non professionnelles. Anna est aussi brune que Nomi est blonde, elle est également un peu plus jeune que sa consœur. Leurs carrières font baver d'envie les débutantes qui se risquent dans ce métier difficile. Je m'entends bien avec elles. Les journées sont longues, puisque nous travaillons en général de midi jusqu'au milieu de la nuit. Toutes ces heures passées ensemble dans cette belle demeure créent forcément des liens. Les langues se délient à l'heure du café ou durant les repas pris en commun. Parfois, cette troupe prend de faux airs de colonie de vacances. Un soir, je me retrouve avec un petit groupe, dont Anna et Nomi. Entassés dans la salle de bains qui sert aussi de loge de maquillage, je les observe en train de comparer les photos de leurs animaux de compagnie. Chacun y va de son anecdote : « il est si gentil », « il me manque », « je l'adore »… C'est idiot mais ça m'étonne de les voir ainsi, comme monsieur et madame tout le monde, s'extasier sur leur chien ou leur chat.

Anna et Nomi assument leur statut. C'est peut-être plus facile pour Nomi, qui navigue dans ce milieu depuis de nombreuses années. Elle a connu tous les réalisateurs, a eu des centaines de partenaires. Elle a vécu l'évolution des mœurs et des pratiques sexuelles. Nomi sait d'ailleurs dire non aux nouvelles demandes et me confie par exemple qu'elle refuse les *bukkakes*. Venu du Japon, le *bukkake* est un acte sexuel collectif au cours duquel un groupe d'hommes, plusieurs dizaines parfois, se masturbe et éjacule sur le visage et le corps d'une femme. Nomi écarte d'emblée ce genre de proposition. En revanche, dès le début de sa carrière, elle a pratiqué la sodomie, mesurant vite qu'elle perdrait trop de rôles à ne pas accepter cette demande devenue incontournable. Comme Nomi, Anna fait preuve d'honnêteté avec moi. Ses réponses sont parfois crues. Mais comment raconter ce métier sans l'être un peu ? Elle aborde la violence de certaines scènes, violence qu'elle accepte si tel est son désir, si elle se sent en osmose avec son partenaire. Anna a souvent une approche très intellectuelle de son travail. Au risque de paraître machiste, ce qui serait un comble, je trouve que la qualité de son discours détonne, venant de cette jeune femme très sexy, belle et sûre d'elle. J'espère qu'elle ne se perdra pas dans ce monde. Le succès qu'elle rencontre la met certainement à l'abri, pour un temps au moins.

Nous parlons travail mais aussi, avec parcimonie, de la sphère privée. À cette époque, Anna partage la vie d'un hardeur et tourne exclusivement avec lui. Elle confesse être jalouse des partenaires de son compagnon. L'acte sexuel lui est égal, elle craint plutôt la complicité qui pourrait naître sur le plateau. Anna ne veut pas prendre le risque de voir son petit ami recevoir une caresse. Ou, pire, plaisanter avec une autre comédienne. Dans le X, la pénétration est anodine. La connivence l'est beaucoup moins. En revanche, il n'est jamais question de ma vie intime. Ils pourraient m'interroger aussi, finalement, mais cela n'arrive pas. Est-ce du désintérêt ? Une gêne de leur part ? Peu importe, je les remercie de ne pas le faire. Moi qui questionne à longueur de journée, je rechigne à dévoiler mon intimité.

Après quatre jours, exténués par de longues heures de travail rendues encore plus éprouvantes par une canicule qui nous laisse tous exsangues, le tournage s'achève. Nous partageons une coupe de champagne dans un des grands salons, après le clap de fin d'une scène de jeu qui réunit les quatre garçons du film. Les séquences dialoguées sont souvent compliquées à mettre en boîte. Les hardeurs ne sont pas formés au jeu proprement dit. Parfois, l'exercice est douloureux. Le texte ne vient pas, il sonne faux. Malgré mon naturel moqueur, j'essaie de ne pas rire de leurs difficultés. On ne leur demande pas de devenir de grands acteurs, ce n'est pas ce que le spectateur attend. Oui, ce sont de piètres comédiens pour la plupart. Et alors ?

À titre personnel, j'avais déjà vu des films pornos. C'est un genre cinématographique parmi tant d'autres, que je n'affectionne pas particulièrement mais qui ne me choque pas. Il a même parfois pu m'exciter, c'est le but. Grâce à Liza, j'en connais désormais les coulisses. Pour les besoins de notre enquête, outre les pornos professionnels, Philippe et moi avons visionné des heures de films amateurs. Je ressens encore du dégoût en me remémorant certains d'entre eux. L'*amat,* comme on l'appelle dans le X, emploie des adultes non professionnels. Les filles qu'on y voit sont nos voisines de palier, ce qui participe évidemment du fantasme auprès du public masculin. En général, les vidéos sont tournées chez un des participants. Il arrive qu'elles aient lieu dans les parties communes d'immeubles. La lumière y est aussi inexistante que le maquillage et chacun porte ses effets personnels. J'ai visionné des scènes se déroulant dans des caves glauques avec des hommes masqués – tout au moins méconnaissables –, ce qui n'était jamais le cas des femmes présentes. Face à l'écran, j'atteins mon seuil de tolérance, révoltée de voir des hommes prendre du plaisir sans l'assumer, dissimulant leur visage pour des raisons familiales, professionnelles ou religieuses. Quant aux filles, qu'elles soient belles, grosses, jeunes, laides, blanches ou noires, elles peuvent être maltraitées, insultées, elles n'en restent pas moins toujours souriantes.

Nous tentons vainement de suivre une ou deux journées de ces tournages amateurs. Les intéressés se révèlent beaucoup plus frileux que les professionnels. Après des mois de demandes, de multiples messages téléphoniques, des rendez-vous sans cesse ajournés et alors que nous pensons être proches du but, la réponse est toujours négative. Je ne le regrette pas. Je n'aurais pas aimé ce que j'y aurais vu. J'ai même la certitude que je ne l'aurais pas supporté, comme si j'avais refusé l'assistance à de jeunes filles en danger. Un site français, connu pour les deux prénoms qui forment son nom, est devenu extrêmement populaire ces dernières années. Comble de la vulgarité, les réalisateurs demandent aux participantes de remercier ces deux prénoms à la fin de chaque vidéo. Je le constate auprès de mon entourage, ce site est très célèbre. Le gimmick de fin amuse follement nombre de mes amis. Il m'est impossible de ricaner de ce marketing du Net qui trahit la réalité. Cette banalité du sexe facile me dégoûte. Et le récit d'une jeune femme en ayant fait les frais ne fait qu'apporter de l'eau à mon moulin.

Anita – j'ignore sa véritable identité, et me félicite qu'elle la garde secrète – nous reçoit dans son petit appartement du Sud de la France. À vingt-trois ans, Anita a plusieurs films amateurs à son actif, mais elle a mis fin à cette activité quelques mois auparavant. Les cheveux ébène, le teint pâle, elle s'exprime posément. Trop, me semble-t-il. Elle paraît craintive, très fragile en tout cas. La jeune femme est seule chez elle, son compagnon ne souhaite pas nous rencontrer. Après de nombreux échanges téléphoniques, Anita a accepté de nous parler à visage découvert. C'est extrêmement courageux de sa part puisque la scène qu'elle s'apprête à nous raconter s'apparente à un viol.

Un jour, pour trois cents euros, on lui propose une journée de tournage. Anita s'y rend par le train, à ses frais. Quand elle arrive sur le lieu du rendez-vous, elle apprend qu'elle aura deux partenaires et non un seul comme elle s'y attendait. Elle n'ose rien dire, de peur de ne plus jamais travailler pour le fameux site aux deux prénoms. Le tournage débute et, sans aucun préalable, un de ses partenaires la sodomise. Anita nous raconte sa souffrance physique et morale, les larmes qui lui montent aux yeux, la douleur de plus en plus forte, et, malgré tout, le silence qu'elle s'impose au risque de passer pour une bêcheuse, une emmerdeuse qui n'a rien à faire là. Sur place, personne ne s'émeut du mal qu'elle éprouve, de la souffrance qui doit forcément suinter de chaque pore de sa peau. Elle est la seule femme présente dans la pièce, ses acolytes ne jugent pas utile d'observer la moindre pause. En revanche, l'homme qui tient la caméra n'oublie pas de lui faire prononcer le fameux gimmick en guise de remerciement pour cette scène d'une violence inouïe. Dans les heures qui suivent, Anita se rend à l'hôpital, blessée dans sa chair par ce viol qu'elle n'ose nommer.

Atterrée par son récit, je ne peux m'empêcher de sortir de mon rôle de journaliste. Pourquoi avoir accepté un tel supplice ? Pourquoi ne pas avoir quitté cette compagnie abjecte sur-le-champ ? Les yeux pleins de larmes, elle m'avoue la crainte qu'elle a alors éprouvée de ne pas recevoir le salaire promis. Elle n'a pas osé, tout simplement, ne mesurant certainement pas la gravité de la situation. Grâce au soutien de son compagnon, la douleur a fini par s'apaiser, Anita a cessé les tournages et décidé de nous parler. Si une seule jeune fille a pu entendre l'histoire d'Anita, si son expérience malheureuse a pu dissuader quiconque de tenter l'expérience du porno amateur, alors nous aurons été un peu utiles.

Deux ans après les faits, je constate avec effroi que des vidéos d'elle circulent encore sur le Net. Il lui faudrait bien des efforts pour les faire retirer. La scène en question est sans doute toujours disponible. Je n'ai ni le courage ni l'envie de le vérifier. Le dégoût et la colère m'en empêchent.

Pourquoi des jeunes filles acceptent-elles de travailler pour ce genre de site ? Décidément, leurs motivations m'échappent. Au fil des conversations, je relève cependant certains points communs entre elles. Lily est sensiblement du même âge qu'Anita. Elle a débuté dans le porno seulement deux mois avant notre première entrevue et n'a alors que quelques scènes à son actif.

Lily partage un appartement avec son frère aîné, en grande banlieue parisienne. Peu attirée par les études, elle a trouvé un poste en usine l'année de ses dix-neuf ans. Vite lassée des horaires de nuit et du peu d'intérêt de son boulot, elle a quitté le monde ouvrier et débuté les webcams dans son appartement. Comme elle le dit elle-même, Lily a un physique très adolescent. Pas franchement jolie, elle est bien faite, très mince. Petit à petit, la brunette timide et renfermée, dont on moquait autrefois le physique, obtient un semblant de revanche en faisant payer les hommes pour qu'ils la regardent. Devant sa caméra, Lily se caresse et répond aux questions de ses interlocuteurs, jouant avec leurs nerfs pour les exciter. À ce petit jeu chronophage, elle gagne environ sept cents euros par mois. C'est moins qu'à l'usine mais elle est chez elle, avec ses chiens et son ordinateur, ce qui semble convenir à cette sédentaire assumée. Rapidement, un réalisateur de films X en quête perpétuelle de nouveaux visages la repère alors qu'il navigue sur la Toile. Il propose à Lily de poser pour une séance de photos de charme. Elle a de la chance, c'est un professionnel reconnu et le rendez-vous se déroule parfaitement. Il l'invite ensuite à tourner une première scène qu'elle accepte après quelques jours d'hésitation. Une fois encore le tournage se passe convenablement, elle est même plutôt séduite par son partenaire. Peu à peu, Lily multiplie les expériences, jusqu'à notre rencontre. Comme toutes les débutantes, elle se fait avoir. Elle accepte des tarifs trop bas, avant de se faire conseiller par des actrices confirmées avec qui elle dialogue sur les réseaux sociaux. À deux reprises, Lily tourne pour des sites amateurs, par bonheur sans connaître les mêmes déconvenues qu'Anita. Cependant elle ne renouvelle pas l'essai. Devoir tourner chez elle, avec des étrangers, la met très mal à l'aise.

Lily nous reçoit dans son appartement. Charmante et drôle, elle nous confie que son incursion récente dans le X l'a d'ores et déjà métamorphosée. Son frère nous rejoint et confirme son récit. Autrefois, Lily restait enfermée chez elle, n'effectuant que les trajets jusqu'à l'usine toute proche. Désormais elle prend le train seule pour se rendre à Paris. Il lui arrive parfois de passer la soirée dans la capitale avec ses nouveaux amis hardeurs. Ces sorties étaient visiblement inenvisageables quelques semaines auparavant. Le frère de Lily est heureux du changement qui s'opère chez sa sœur, même s'il appréhende déjà l'après-porno. Que se passera-t-il quand le visage de la jeune femme aura lassé les hommes ? Frère et sœur savent que ce jour arrivera vite. L'actrice en herbe n'a pas le physique de Clara Morgane ou de Liza del Sierra, son idole. L'industrie du X l'aura très vite digérée et rejetée, comme des milliers d'autres avant elle. Lily n'est pas effrayée par l'avenir, elle prend l'argent tant qu'il vient. Par-dessus tout, elle profite de ces regards sur elle, une nouveauté dans sa vie. Le porno la met en valeur, nous dit-elle.

Cette idée revient régulièrement. Les femmes ont la sensation qu'en suscitant le désir chez les hommes – devant leur ordinateur ou leur écran de télévision –, elles gagnent en assurance et deviennent plus belles. Un peu comme une aînée, je tente d'expliquer à Lily que la confiance en soi ne se situe pas exactement à ce niveau. En vain. Elle existe désormais par le regard des autres, en l'occurrence celui des hommes qui prennent du plaisir à la mater. Sans amour ni bienveillance, quel poids a ce regard ? Laquelle de nous deux a raison ? Quelle place doit-on laisser à la raison quand on a vingt ans ?

Je ne suis pas inquiète pour Lily. Elle a déjà conscience qu'elle se lassera aussi vite que ses employeurs du moment et qu'elle cessera bientôt de tourner. Dans l'immédiat, elle veut profiter des rencontres qui s'offrent à elle, des hommes avec qui elle n'aurait jamais imaginé avoir un rapport sexuel. Elle aime les sous-vêtements qu'on lui fait porter ou qu'elle s'achète, elle est fière de la femme qui prend vie en elle. Lily n'en a pas fini de sa métamorphose. Quelques semaines plus tard, avec ses économies, elle s'offre une augmentation mammaire dans une clinique chic de la banlieue ouest de Paris. Un ami l'accompagne la veille de son intervention, mais la jeune femme se retrouve fort démunie le jour de sa sortie. Elle ne peut prendre le train seule, son torse entièrement bandé lui interdit tout mouvement. Quand elle nous sollicite, Philippe et moi n'hésitons pas un instant. Nous sommes attachés à cette jeune femme qui nous fait confiance. Il est impensable de la laisser rentrer seule chez elle dans son état. Nous sommes cependant un peu étonnés qu'elle fasse appel à nous et non à des proches. A-t-elle seulement des amis à qui elle pourrait demander ce service ? Je l'aide à ranger ses affaires, l'installe confortablement avant le retour de son frère. Lily est heureuse, son corps de jeune fille disparaît peu à peu. Elle devient femme, tout au moins physiquement. La maturité pointera bien son nez un jour.

Malgré les confidences que Lily a pu nous livrer, je n'ai plus de nouvelles d'elle. Il me semble qu'elle n'a pas répondu à mon message après la diffusion du documentaire. Philippe a peut-être eu un retour de sa part, je ne sais plus. Peu importe, je ne désire pas à tout prix rester en contact régulier avec tous ; mais force est de constater que dans ce milieu, il est très difficile de tisser un lien durable. Peut-être avons-nous suscité des confessions peu habituelles et, avec le temps, ont-ils été gênés de s'être ainsi livrés ? Je pourrais décrocher mon téléphone pour prendre des nouvelles des uns et des autres. Je ne le fais pas. J'espère qu'ils vont bien, tout simplement. Je sais par ailleurs que ce documentaire a été très bien perçu dans le milieu du X. Notre regard sans jugement a été apprécié par la plupart. Cela me suffit, je crois.

Pour Lily, tout s'est déroulé comme prévu. Quand le montage de ce *21 Jours* s'est achevé, elle avait déjà renoncé aux tournages et ne faisait plus que des webcams dans la pénombre de sa chambre, ses chiens sagement couchés au fond de leur panier dans le vestibule.

Mon job d'assistante auprès de Liza n'est pas encore achevé. À ses côtés, je m'apprête à vivre une expérience tout aussi étonnante que la précédente. Nous nous envolons pour la Roumanie afin de mettre en boîte quelques vidéos de porno gonzo. La nouveauté étant le nerf de la guerre, chaque pays dans lequel on peut débusquer de jeunes et jolies filles de type caucasien – inconnues du public français – se transforme immédiatement en vivier potentiel. Contrairement à la Hongrie qui produit du porno depuis longtemps, la Roumanie fait figure de débutant dans le circuit mondial. Il y existe déjà un public local ayant accès aux films X grâce à Internet, les filles peuvent y être mignonnes et le salaire moyen est d'environ quatre cents euros mensuels. De quoi attirer des demoiselles en mal de revenus et faire de la Roumanie un potentiel Eldorado du porno.

Nous quittons Paris avec Liza et Ralph, un de ses amis comédiens. Un chauffeur dépêché par un producteur local nous attend à l'aéroport de Bucarest, pour nous conduire à la maison qui nous servira de décor. Liza, Ralph et moi y logerons. Quant à Philippe et Florent, mes acolytes, ils ont réservé un hôtel tout proche.

C'est la première fois que je me rends en Roumanie. Passé les banlieues pauvres aux abords de l'aéroport, incontournables dans bien des pays, je découvre une nation en mutation. Centres commerciaux sortis de terre comme par magie, concessionnaires d'automobiles de luxe fraîchement ouverts et pavillons coûteux aux portails clinquants nous accueillent. La capitale est en travaux. Nous traversons un quartier aux routes non encore bitumées, des villas neuves côtoient des terrains en friche qui n'attendent plus qu'un heureux propriétaire à la fortune récente. Notre chauffeur s'arrête devant une grande demeure cachée derrière de hautes grilles. Au pied de cette villa de deux étages, une piscine bordée de transats en teck semble attendre une fête arrosée, agrémentée de jolies petites pépées. J'ai une impression de tape-à-l'œil dès que nous franchissons le portail, sensation qui se confirme quand nous pénétrons dans les lieux. Les pièces sont vastes, les meubles imposants se voudraient contemporains mais ils ont un je ne sais quoi de déjà démodé. Le sol en marbre glace l'atmosphère. Il m'arrive parfois, en entrant dans une maison que je ne connais pas, de me dire qu'elle ferait un cadre parfait pour un film porno. Trop de fanfreluches, un luxe qui n'en a que l'aspect, des styles qui se marchent dessus sans se laisser l'espace de respirer, bref cette villa est la quintessence du décor de film X. Liza et moi prenons le grand escalier. Les chambres sont immenses et moches. Tentures en velours de style rusticochic, lits XXL, tableaux abominables, nous plaisantons de cette décoration clinquante. La maison est propre, c'est le principal. Liza m'attribue une chambre avec salle de bains attenante. Les actrices se maquilleront et s'habilleront là. Nous tournerons dans le reste de la maison. Avec une mine qui ne me dit rien qui vaille, Liza m'annonce que les filles se doucheront également dans ma salle d'eau. La raison de ce sourire narquois me laisse sans voix. Avant les scènes, elles ont pour habitude de prendre une douche *complète*. Après avoir dévissé le pommeau de la douche, elles effectuent un lavement en profondeur. Je n'ai pas d'autre choix que d'afficher un dégoût mesuré. Liza me teste, je le sais. D'ailleurs, me dit-elle la vérité ? Je préfère ne pas le savoir. Va pour le partage de ma salle de bains, ça me fera une anecdote à raconter à mes amis en rentrant, ce dont je ne me priverai pas.

Nous résidons à Bucarest pour quatre jours. Outre le tournage de vidéos pour un site internet français, Liza est conviée au Salon de l'érotisme. Je ne savais pas qu'un tel événement avait lieu ici. La métamorphose de ce pays ne s'arrête pas à la politique. Le soir de notre arrivée, nous nous retrouvons dans un hall d'exposition comme il en existe aux quatre coins du monde. Dans une loge improvisée, Liza ôte son jean, son T-shirt, ses ballerines et enfile une robe qui laisse peu de doutes sur ses formes généreuses. Si j'en crois l'agitation qu'elle suscite en déambulant dans les allées du salon, elle est connue bien au-delà de nos frontières. Liza signe des dizaines d'autographes, se fait prendre en photo avec tous les hommes qui en formulent la demande. L'actrice n'aime pas beaucoup ce genre d'exercice. Elle s'y plie parce que ses fans se sont déplacés dans l'espoir de l'apercevoir en chair et en os et qu'elle a besoin de ce public de fidèles. Pourtant peu farouche, elle est gênée par cette proximité. Cette femme qui semble n'avoir peur de rien, qui se donne intégralement dans ses films, dévoile enfin une faille. Quoique flattée d'avoir des aficionados dans ce pays où elle n'a jamais mis les pieds, elle n'apprécie guère le contact physique. Liza joue le jeu, elle sourit à ces inconnus en attendant patiemment que ça passe. Tous la mangent des yeux. Ils n'ont pas tout vu. Une scène centrale accueille des shows érotiques. Habituée des peep-shows, Liza a un numéro bien rodé. Je l'attends en bas de la scène un peignoir à la main. Quand elle me rejoint quelques minutes plus tard, elle est nue comme un ver. Quant aux hommes de l'assistance, bouche bée, les yeux écarquillés, ils ont la langue aussi pendante que le loup de Tex Avery.

Le lendemain matin, Liza et moi prenons ensemble le petit-déjeuner. Son ami Ralph dort encore et mon équipe ne nous a pas encore rejointes. Je tourne avec ma petite caméra depuis le lever. En tenue de nuit l'une et l'autre, affublées de ces T-shirts sans forme qu'on enfile quand on n'a personne à séduire, nous devisons face à nos tartines, au bord de la piscine. Quid de la vie sentimentale pour qui exerce sa profession ? Dénicher l'amour n'est déjà pas chose aisée quand on mène une vie *classique*, j'imagine les obstacles qui peuvent se dresser devant elle. Liza est calme et posée, sans artifices ni faux-semblants. Elle parle de solitude. Longtemps, son métier l'a isolée du reste du monde. Chaque week-end, pendant des années, elle a participé à des salons ou s'est rendue dans des boîtes de nuit pour faire son show. Les tournages l'ont souvent éloignée de chez elle et de ses amis. Elle me décrit des chambres d'hôtel sans âme. Sans personne contre qui se blottir, Liza a souffert du manque de cette chose toute bête qu'on appelle la tendresse. User de son corps de manière mécanique et professionnelle, et se retrouver seule le soir venu demande une sacrée force de caractère. Liza me détaille un rituel mis en place les jours de tournage. La scène terminée, elle se démaquille et prend immédiatement une douche, sur place. Rentrée chez elle ou à l'hôtel, elle se lave à nouveau puis enduit son corps de crème. Je comprends cette nécessité de se parer d'une odeur connue et rassurante, ce passage obligé des douches successives. Liza, comme beaucoup de hardeuses j'imagine, a besoin de toute cette eau pour redevenir elle-même, pour revêtir sa propre peau.

Depuis peu, Liza a un ami que j'ai rencontré à Paris. Ils ont l'air très amoureux. Le métier de la jeune femme n'est pas un obstacle pour le garçon. Quand je lui demande si elle pourrait mettre un terme définitif à sa carrière si son ami le lui réclamait, Liza me répond qu'il n'osera pas. Avec des emprunts à rembourser, elle a besoin de ce boulot. Jamais il ne lui imposera un tel sacrifice, tout au moins dans l'immédiat. Réaliste, elle sait que sa carrière de comédienne prendra bientôt fin. L'âge venant, bien sûr, mais aussi parce qu'elle envisage d'avoir un jour des enfants. Elle ne veut pas prendre le risque d'être reconnue par un papa devant le portail de l'école ou, pire, par un camarade de classe. Liza est bien placée pour savoir qu'il y a beaucoup d'adolescents dans son public. Dans la rue, leurs regards sur elle ne trompent personne.

Un contact à Bucarest a déjà sélectionné quelques actrices pour Liza. Quand les jeunes Roumaines arrivent, Philippe et moi nous présentons à elles. Il est impératif que nous sachions si notre présence les dérange et, surtout, si elles nous autorisent à les filmer. Elles veulent savoir si notre film sera diffusé dans leur pays. À notre connaissance, ce n'est pas prévu, et nous nous engageons à ce que ce ne soit pas le cas si elles le souhaitent. Notre réponse les rassure. Leurs parents ignorent cette activité, effectuée en parallèle de leurs études. Il est impensable que leur entourage proche l'apprenne. Le X est extrêmement mal vu dans ce pays, où il est assimilé à la prostitution. Les demoiselles mises en confiance, nous filmons les castings. Liza les reçoit individuellement. Après s'être assurée de leur âge, pièce d'identité à l'appui, elle leur demande de se déshabiller. La première candidate est brune, ni très grande ni spécialement jolie mais surtout, selon Liza et moi, elle paraît avoir quatorze ans. En réalité, la jeune fille en a vingt-deux – son passeport l'atteste. Elle a déjà de l'expérience dans le porno. Assise dans un coin de la pièce, j'écris son nom sur un carnet, ses mensurations mais également les *figures* qu'elle accepte ou non. Liza a apporté dans ses bagages un godemiché et un bâillon à boule de cuir. Assume-t-elle cette pratique ? Au final, toutes, dont la petite brune, répondront positivement.

Je ne suis pas fière de moi. Je désirais être aux premières loges, et voilà que ce défilé me met mal à l'aise. Nous n'en sommes pourtant qu'à l'étape du casting. Le regard de Liza et de Ralph me dérange. Ils scrutent les filles, les détaillent, devisent en les observant. Ils font leur travail, je fais le mien, mais l'attitude des demoiselles, leur anglais approximatif, leurs corps juvéniles et néanmoins refaits pour certaines, leur aisance à se déshabiller sans la moindre hésitation, tout cela m'est désagréable. Je voulais m'immerger dans ce monde. Une fois de plus, c'est chose faite. Je ne peux pas être plus près de la réalité. Mais cette réalité m'attriste.

Sans doute n'existait-il pas meilleur poste d'observation des aberrations de ce pays. Les salaires en Roumanie sont dramatiquement bas. En acceptant quelques tournages, en dansant dans des clubs de charme, les hardeuses en herbe gagnent presque autant qu'un médecin. Grâce à ces revenus, elles aident leurs parents à survivre, participent au loyer de l'appartement familial ou paient les réparations d'une voiture vieillissante. Le porno, si honteux ici, fait discrètement bouillir la marmite de nombreux foyers.

Elles sont plusieurs à passer devant nous, mais je suis obsédée par la petite brune au visage d'enfant. Elle est comme absente, attendant silencieusement que le temps passe et qu'on la raccompagne chez elle. Liza l'engage et la fait revenir le lendemain. Philippe et moi ressentons toujours le même trouble en l'observant sous l'œil de la caméra. Son corps juvénile est en contradiction avec les poses qu'elle prend. La réalisatrice me confirme que la jeune fille n'est pas farouche, bien plus à l'aise en tout cas qu'une de ses compatriotes dotée d'un corps de femme et à la poitrine refaite. Le regard de la petite brune est étrange. Les yeux dans le vague après la scène, elle fume une cigarette électronique, adossée au chambranle d'une porte. Moulée dans son minishort en jean, elle répond à peine aux sourires que je lui envoie. Elle est là pour empocher trois ou quatre cents euros, pas pour faire risette à cette journaliste française qu'elle ne reverra jamais.

Je ne me souviens pas de son prénom et je ne sais pas ce qu'elle est devenue. La petite brune a vingt-six ans aujourd'hui. A-t-elle tourné d'autres films ? Est-elle toujours étudiante ? A-t-elle un amoureux, peut-être même un enfant ? Je ne le saurai jamais. Je revois son visage, son corps de fillette et son regard sombre, cet aplomb qui caractérise ceux qui en ont vu d'autres. La petite brune est roumaine, elle a prêté son corps pour vivre, comme beaucoup de femmes dans le monde. Elle m'a très certainement oubliée. Pas moi.

À LA lettre

L'écriture est un exercice aussi passionnant que douloureux. Je bute, m'agace, corrige inlassablement ces lignes depuis des semaines. Il est des affres bien pires : celles de ne pas maîtriser sa propre langue, d'ignorer la signification du moindre signe. J'ai la chance de savoir lire et écrire depuis mon plus jeune âge. Je dois même avouer que cet apprentissage m'a été facile. J'en avais furieusement envie, pressée de décrypter le monde, de déchiffrer les mots, jusqu'aux panneaux d'affichage le long des routes que je lisais des heures durant, épuisant mes parents par cette logorrhée sans intérêt. Depuis, la lecture est un plaisir égoïste dans lequel je me vautre dès que je le peux.

Si je connais l'alphabet sans y prêter attention, d'autres sont privés de ce bonheur simple, presque naturel. L'illettrisme est un handicap, comme la cécité ou les déficiences motrices de toutes sortes. Il paralyse près de deux millions et demi de Français dans leur quotidien. Nous n'avons pas conscience, nous lecteurs, de l'existence de ces déficients des mots. Pour nous, acheter un paquet de riz, lire le temps de cuisson sur l'emballage, remplir un chèque ou vérifier que la leçon d'un enfant a bien été apprise relève du détail, du non-événement. Pour eux, c'est un cauchemar, un acte insurmontable. La source d'une honte profonde et récurrente.

Être illettré au XXIe siècle dans un pays comme le nôtre, une nation éclairée, apparaît impossible, absurde, inhumain. Et pourtant... Le meilleur moyen de rencontrer ces Français était de rejoindre une association qui tente de leur inculquer ce qu'ils n'ont pas ou mal appris.

Juin 2014. Par une matinée ensoleillée, je pénètre dans la cour fleurie de Mots et Merveilles à Aulnoye-Aymeries, dans le Nord-Pas-de-Calais. Autrefois, la vie était facile dans cette ville de neuf mille habitants. Les industries textiles et métallurgiques fournissaient du travail à toute la région. C'était alors une province riche dont on devine encore les stigmates, entre demeures cossues et friches industrielles. Les maisons des cadres et ingénieurs, partis sous d'autres cieux, sont désormais trop grandes, abandonnées ou à vendre. De nombreux commerces sont vides, les vitrines badigeonnées de blanc. Les agents immobiliers pleurent dans leur échoppe, attendant qu'un miracle survienne. Il suffirait qu'une société s'implante, qu'un gros contrat soit signé chez Vallourec – fabricant de tubes en acier et dernier gros employeur du coin – et le travail reviendrait dans la commune. Mais du travail, pour l'instant, il n'y en a plus beaucoup. Le taux de chômage y avoisine les 20 %, deux fois plus que la moyenne nationale. En ville, tout le monde connaît Promocil, un bailleur social. La quasi-totalité des personnes que je vais rencontrer est logée par cette société.

Aulnoye-Aymeries n'est cependant pas une exception. Le chômage frappe toute la France, plus ou moins fort. Ici, malheureusement, on se prend une bonne claque depuis deux générations maintenant. Certains enfants ont des parents voire des grands-parents chômeurs. Au-delà de l'aspect financier qui complique nécessairement le quotidien, c'est l'estime de soi qui part en quenouille.

Dans ce climat qu'on peut honnêtement qualifier de morose, nous débutons notre tournage. L'association a pris ses quartiers dans une ancienne école primaire prêtée par la mairie. À peine la porte poussée, on sent l'odeur de la craie et ce je ne sais quoi qui rappelle immanquablement les salles de classe. Près de quatre cents illettrés, principalement des adultes, viennent là chaque année. Alors chaque mètre carré est utile. Le hall d'entrée est divisé en petits box pour accueillir tout ce monde, comme à la Sécu, mais en plus gai. Dans chaque alcôve, deux adultes se font face. L'un sait lire, l'autre pas. D'un simple coup d'œil, on devine qui est le bénévole et qui est l'*apprenant,* comme on les appelle ici. Celui qui ne sait pas a quelque chose en moins. Moins d'assurance dans la voix, son regard effleure mais ne perce plus rien depuis longtemps, sa tête est baissée, mettant ses pauvres cervicales à rude épreuve.

Un monde jusque-là inconnu m'apparaît et j'avoue ne pas très bien comprendre ce que des adultes font ici. Je n'admets pas qu'on ait pu aller à l'école sans en avoir rien gardé. Contrairement à un analphabète, un illettré a été scolarisé. Pourtant les années en classe n'ont porté aucun fruit, les professeurs successifs n'ont pas réussi à lui inculquer les bases de la lecture. Dans l'immédiat, noyée dans l'ignorance de celle qui sait, je refuse ce que je vois. Moi, la fille d'instituteur, je ne veux pas admettre que l'école que j'aimais tant n'a pas fait son travail auprès d'eux, alors qu'elle m'a tant appris.

Carole, la directrice de l'association, est une belle femme d'une quarantaine d'années, élégante, ouverte et souriante. Elle appelle tout le monde par son prénom. Carole est comme un poisson dans l'eau. Et pourtant, elle détonne un peu au milieu de tous. Son accent du Nord est moins prononcé que celui des autres, ses vêtements sont plus beaux, plus chers. Elle est maquillée, bien coiffée, se tient droite, sa voix est assurée. Il est étrange, le premier regard qu'on porte sur les gens, bêtement réduit à des chaussures assurément bon marché ou au contraire à une veste en drap de laine qu'on devine de qualité. Au fil des jours et des mois – des années même, puisque j'ai encore régulièrement Carole au téléphone – je me rendrai compte qu'elle donne sa vie à cette association. Elle déplace des montagnes pour récupérer des ordinateurs démodés aux yeux de certains, se faire financer une cuisine équipée pour rendre les locaux de l'association plus conviviaux. Elle entre par la fenêtre pour soutirer des subventions quand les portes du département ou de la région restent closes, elle hausse le ton dans les limites de sa bonne éducation quand ses interlocuteurs font la sourde oreille. Dans ce genre de situation, ses jolis escarpins et son sourire avenant valent de l'or.

Carole m'expose le fonctionnement de Mots et Merveilles et le rôle des bénévoles qui encadrent un ou plusieurs apprenants, parfois durant des années. Beaucoup d'enseignants à la retraite, habitués à partager le savoir, viennent donner de leur temps, mais aussi d'anciens salariés ou des chefs d'entreprise. Comme je serai moi aussi bénévole, je tente d'arracher à Carole des astuces pour mener à bien les séances, pour être efficace. Une phrase qui m'a semblé anodine à l'époque me reste en mémoire. Carole me conseille de ne jamais montrer de signes d'impatience face à mes interlocuteurs. Demander de l'aide a été pour eux un effort colossal, les bousculer serait une grave erreur. Lors de leur première visite, beaucoup prétendent venir pour participer aux cours d'informatique, avant d'avouer des lacunes bien plus profondes. D'autres, après un premier test d'évaluation, racontent avoir *un peu* oublié leur alphabet. Comment peut-on oublier ce que des millions d'humains récitent sans y penser ? Les hommes et femmes qui viennent à l'association sont fragiles. Carole ne me donne pas de recette. Elle me fait confiance, je saurai bien me débrouiller.

Ce jour-là, Carole me présente une femme dont j'ai déjà entendu parler durant notre enquête. Joëlle vient ici chaque jour depuis des mois. Les premiers temps, elle se contentait d'accompagner deux de ses fils en difficulté scolaire. Elle s'asseyait dans un coin du hall, près des alcôves, et ne parlait à personne. La tête rentrée dans les épaules, n'esquissant pas le moindre sourire, elle attendait que ses fils aient terminé leur cours. Petit à petit, les filles de l'association ont réussi à la dérider, à la faire parler, jusqu'à ce qu'elle leur déclare du bout des lèvres ne pas savoir lire et écrire. Comme beaucoup d'autres illettrés, Joëlle était également victime d'innumérisme, c'est-à-dire qu'elle ne maîtrisait pas non plus les bases du calcul. Cette mère de famille de quarante-six ans était incapable de lire la recette d'un gâteau, de proportionner correctement la farine et le sucre ou d'aider ses enfants, le soir, au moment des devoirs.

Quand je salue Joëlle, elle me sourit à peine. De taille moyenne, en léger surpoids, elle est vêtue d'un jean, d'un sweat-shirt et de baskets. Ses cheveux sont coupés très court, elle ne porte aucune trace de maquillage. Sa dentition est très abîmée, voire inexistante. Son regard me frappe. Il est dur, noir, fixe. Quand elle pose ses yeux sur vous, Joëlle vous transperce, contrairement à ses camarades dont le regard vous fuit comme la peste. Elle a un accent à couper au couteau. Avec un attelage pareil, cette femme est franchement surprenante. Je dois l'avouer, avant de mieux connaître Joëlle et de rire aux éclats avec elle, je me suis demandé si elle ne souffrait pas de déficience mentale. J'ai honte en écrivant ces lignes aujourd'hui. Joëlle est une des personnes les plus drôles que je connaisse. L'humour et surtout le second degré sont une forme évidente d'intelligence. Comment ai-je pu me tromper à ce point ?

Nous sommes convenues que je prendrais en charge ses cours durant trois semaines. Je ferai de même avec Marie-Agnès et Thierry. Parents tous les trois, c'est le besoin de suivre la scolarité de leurs enfants qui les a motivés à pousser la porte de l'association. Une porte qui pesait alors des tonnes, je le comprendrai vite. Joëlle a cinq garçons de onze à dix-sept ans, Marie-Agnès deux filles adolescentes. Quant à Thierry, il a deux enfants un peu plus âgés, qui à l'époque poursuivent leurs études sans encombre.

Je réunis mes trois apprenants lors d'un cours collectif. Ils se connaissent de vue mais n'ont jamais vraiment échangé. On devient taiseux quand on n'est pas fier de soi. Avec l'aide de Carole et ses acolytes, nous avons décidé que je les ferais travailler sur des exercices pratiques : nous remplirons un chèque et un document administratif très simple. Après des mois à l'association, ils savent en théorie effectuer ce type de tâche. Mon but est de le vérifier, mais aussi d'engager une discussion.

La difficulté à remplir un chèque revient régulièrement dans les conversations. Je n'ose leur avouer que dans mon monde, celui des lecteurs, le chèque appartient au passé, comme un modèle de voiture qu'on ne fabriquerait plus. Aujourd'hui, on paie par TIP ou par virement sur Internet, mais surtout la majorité dégaine sa carte bleue à tout bout de champ. Eux sont dans l'obligation de savoir accomplir cette tâche : ils ne possèdent souvent qu'une carte de retrait et maîtrisent rarement les méandres du Net. En les observant, il m'apparaît que derrière le fait de remplir ce simple morceau de papier se cache un acte adulte. Quel enfant – né avant les années 1980, cela va sans dire – n'a pas fabriqué de faux chèques pour jouer au grand ? Maîtriser ce geste anodin, c'est gérer son budget, celui d'une famille, payer un loyer et donc assurer un toit aux siens. C'est régler un plein de courses au supermarché, envoyer des étrennes à un neveu pour Noël. Cerise sur le gâteau, le chèque se conclut toujours par une signature, ce paraphe magique, effectué les yeux fermés par les médecins en bas des ordonnances ou les employés de banque planqués derrière leur comptoir. Savoir signer de façon ample, rapide et automatique, d'un air dégagé, c'est être un homme ou une femme accompli.

Thierry, Marie-Agnès et Joëlle se sortent plutôt bien de ce premier exercice. L'emplacement de la date et du lieu ne leur posent pas de problèmes.

Nous plaisantons quand je leur épelle mon nom de famille, les chèques factices m'étant destinés. Faut-il mettre un *s* à cent ou à mille, selon les cas ? Cette fois c'est moi qui hésite, je n'ai jamais réussi à mémoriser cette règle. Je m'interroge quand Thierry me présente son travail. Sur son chèque, il a écrit le montant et mon nom en lettres majuscules. Quand je lui en demande la raison, il me répond que le destinataire peut avoir des problèmes de vue et que les majuscules sont plus simples à déchiffrer. Je me retrouve alors face à un cas typique de stratégie de l'évitement. Plutôt que d'avouer sa difficulté à écrire en minuscules comme ses congénères, Thierry trouve une astuce, un arrangement avec la réalité. Tous excellent dans l'art du mensonge pour cacher ce qu'ils n'osent avouer. Des années d'expérience les ont rendus maîtres du contournement d'obstacle. N'importe quel prétexte est bon pour dissimuler l'évidence et souvent, ça fonctionne.

Grâce à ce simple exercice, nous abordons rapidement la honte qui les dévore depuis leur plus tendre enfance. Petit à petit, Joëlle, Thierry et Marie-Agnès s'ouvrent comme ils l'ont rarement fait. À plus de quarante ans, ils prennent conscience d'un passé commun et d'une enfance construite sur des bases traumatiques profondes.

Le père de Marie-Agnès était un tyran domestique, violent, souvent pris de boisson. Il faisait régulièrement manquer l'école à ses enfants, préférant les emmener avec lui dans les décharges et fourrières des environs afin d'y récupérer divers objets et métaux qu'il revendait ensuite. L'homme était illettré et ne supportait pas l'intrusion du moindre magazine sous son toit, comme si la présence de l'écrit dans son environnement risquait de le ridiculiser aux yeux des siens. Son épouse, lettrée, se cachait régulièrement chez une belle-sœur ou une amie pour lire tout ce qui lui tombait sous la main. Quant aux enfants, ils n'avaient droit qu'aux manuels scolaires dont ils ne savaient malheureusement que faire, vu leurs absences répétées en classe. Jamais un roman, un recueil de nouvelles, pas même un *Pif Gadget* ne sont entrés dans la maison. La terreur prenait toute la place, ne laissant aucun espace à la rêverie, à la culture ou aux histoires lues le soir pour s'endormir.

Marie-Agnès a grandi dans la peur permanente des châtiments. Dans le silence aussi, son géniteur ne supportant aucun bruit à la maison. En parallèle, elle a vécu une scolarité désastreuse. Après avoir redoublé le cours préparatoire, elle a triplé le CE1 puis sauté la classe de CE2. Jamais on ne m'avait décrit un parcours aussi chaotique, dénué de toute logique. Pourquoi ces multiples redoublements ? L'enfant a stagné toute sa scolarité sans que personne ne détecte chez elle un problème pourtant évident. Professeurs et camarades de classe se sont en revanche largement moqués d'elle, la petite Marie-Agnès étant incapable de retenir la moindre leçon. À quoi bon la soumettre année après année au même programme ? Quelques mois auraient dû suffire aux enseignants pour comprendre qu'elle n'arriverait pas à bout des exercices les plus simples.

Cependant, par je ne sais quel miracle, Marie-Agnès a acquis en primaire les bases de la lecture et de l'écriture. J'en ai eu la preuve quand elle m'a montré des carnets datant de son adolescence, dans lesquels elle recopiait inlassablement tous les poèmes qui lui tombaient sous la main. La poésie était l'unique forme écrite qu'elle comprenait. Les vers l'apaisaient, comme des amis de confiance. Elle récite aujourd'hui encore les yeux fermés un poème de Maurice Rollinat appris au collège. Ce texte, d'une tristesse à fendre le cœur, raconte le désespoir d'une biche qui pleure la disparition de son faon, le soir au clair de lune. Dans toutes les autres matières, les informations entraient par une oreille et ressortaient par l'autre. L'addition la plus simple était insoluble, alors une leçon d'histoire ou de géométrie... En dehors de la poésie, Marie-Agnès avait les plus grandes difficultés à lire et surtout à comprendre les lignes qu'on lui présentait. Elle déchiffrait mais ne prêtait aucun sens à ces suites de lettres.

Il m'a fallu du temps pour comprendre à quel niveau se situait Marie-Agnès. Ses cahiers d'enfance me prouvaient que durant un temps elle avait su écrire, cependant la compréhension n'y était pas. Elle m'a raconté avoir ensuite *oublié* qu'elle savait lire. Alors qu'il y a peu, je refusais l'idée même de l'illettrisme dans un pays comme le nôtre, je découvre qu'il est possible d'oublier le fait d'avoir su lire.

A-t-elle réellement effacé ce savoir de sa mémoire ? Ne s'agissait-il pas plutôt d'un premier mensonge, dans le but de régler définitivement son problème de non-compréhension, honteuse qu'elle était de buter sur chaque syllabe face à un public souvent narquois ? Je pense qu'elle-même ne le saura jamais.

Sa faculté à lire est revenue au fil des années, des séances à l'association et de la confiance retrouvée. Aujourd'hui Marie-Agnès est une lectrice compulsive. Comme si elle voulait se remplir de mots, elle emprunte chaque mois à la médiathèque de son quartier des dizaines de romans jeunesse, des piles de recueils de poésie. Elle se lit désormais les histoires qu'on ne lui a pas racontées enfant. Dans son salon, sur la grande table, il y a en permanence un dictionnaire ouvert dans lequel elle va piocher la définition d'un mot dès qu'elle n'en saisit pas le sens. Marie-Agnès veut tellement bien faire qu'elle peut mettre des semaines à écrire un courrier administratif ou une lettre de motivation, avant d'être sûre que chaque terme est utilisé à bon escient. Marie-Agnès est une femme intelligente mais l'école ne lui a rien appris. Faut-il plutôt dire qu'elle n'a rien appris à l'école ? Le résultat est malheureusement le même. À l'évidence, les méthodes d'enseignement n'étaient pas adaptées, mais que fallait-il faire ? Sa scolarité a été un échec. Elle n'est pas la seule dans ce cas. Thierry et Joëlle ont vécu la même expérience à quelques détails près. La racine du mal, elle, est tristement similaire.

Thierry a cinquante ans. Il est père de deux enfants. Son épouse est morte trois ans auparavant. Depuis, il pleure la disparition de sa bien-aimée. Il dit d'elle, des sanglots dans la voix, qu'elle était comme son journal intime. Il pouvait tout lui confier, elle savait garder les secrets de cet homme meurtri. Thierry est infiniment discret, extrêmement timide. Il économise chaque parole comme si sa vie en dépendait, alors forcément quand des inconnus comme nous s'intéressent à lui et le questionnent, il est très embarrassé. Au cours de nos discussions, il est passionnant d'observer ses mains. Elles tricotent, se frôlent puis se pressent, ses doigts s'entrecroisent, s'emmêlent comme les pattes d'une araignée géante. Il cherche ses mots, peu sûr de lui, peu sûr d'eux surtout. Marie-Agnès a su les dompter. Thierry pas encore.

Après la séance du chèque, alors que nous discutons tous ensemble, chacun écoute l'histoire de l'autre, dénichant petit à petit une foule de points communs avec son propre passé. À l'image de Marie-Agnès, Thierry a vécu une enfance effroyable. Au sein de sa fratrie, il était celui qu'on prenait pour un moins que rien : il avait moins de vêtements, moins de câlins, moins le droit de sortir à l'âge où l'on bave devant une fête foraine. Quand il rentrait à la maison, sa mère l'enfermait dans sa chambre. Il passait ainsi des heures à regarder par la fenêtre le spectacle d'une vie auquel il n'était jamais convié. Pire encore, quand il n'était pas relégué à l'étage, c'est à la cave qu'on le cloîtrait. L'enfer ne s'arrêtait pas aux portes de la maison, il continuait à l'école. Incapable d'apprendre ses leçons, Thierry était régulièrement envoyé au fond de la classe par ses professeurs, voire dans le couloir, sous prétexte qu'il n'y avait pas assez de place pour tout le monde. On le traitait sans cesse d'idiot, sans imaginer un instant qu'un enfant finit toujours par croire ce qu'on lui répète avec autant d'insistance. Il était l'objet de moqueries de la part de ses camarades et passait le temps des récréations seul dans un coin de la cour, parfois caché derrière les poubelles comme si c'eût été le seul décor digne de lui. Je connais Thierry depuis longtemps maintenant et nous nous sommes revus à de multiples reprises pour les besoins d'un second documentaire. Je sais précisément ce qu'il a vécu et pourtant, en écrivant ces lignes, j'ai encore des haut-le-cœur. À cinquante ans, ce gaillard a toujours les larmes aux yeux lorsqu'il raconte cette enfance jalonnée de brimades incessantes.

Quand nous le rencontrons en 2014, Thierry souffre d'énormes lacunes. Écrire ou lire un texte constitue pour lui un réel effort. L'orthographe est son cauchemar. Je le mesure lors d'une séance individuelle au cours de laquelle je tente de lui expliquer la différence entre *a* – décliné du verbe avoir – et *à* – la préposition. J'ai beau me plonger dans mes souvenirs, repenser à Mme Chapuis, mon institutrice de cours préparatoire, un modèle de patience, allant jusqu'à singer ses expressions aujourd'hui un peu désuètes – *Thierry, si tu remplaces ce* a *par* avait, *est-ce que ta phrase ressemble à du javanais ?* – j'ai les plus grandes difficultés à trouver les mots justes.

Par la force des choses, l'épouse de Thierry s'est toujours chargée des tâches administratives, sans jamais le juger. Depuis la mort de celle-ci, incapable de compléter le moindre document, il doit demander de l'aide à des membres de sa famille, à des voisins parfois. Un malheur n'arrivant jamais seul, trouver un emploi est un casse-tête. Il n'est pas le seul dans ce cas. Comme Thierry, la moitié des illettrés français ne travaillent pas. Sans formation solide ni permis de conduire, il est relégué à des emplois de courte durée, très peu rémunérés, de ceux qui ne demandent aucune qualification. Il a toujours rêvé d'être ébéniste mais l'amour du bois ou une habileté quelconque ne suffisent malheureusement pas. Thierry touche donc le RSA, et il en ressent une honte profonde. Il ne veut pas être un *cas soc'*, comme il dit. Marie-Agnès est dans le même cas, allant de contrats fugaces en contrats aidés, souvent embauchée en tant que femme de ménage. Un boulot accessible quand on n'a aucune formation, que Joëlle vient également de décrocher pour quelques mois.

Joëlle, cette femme au regard si étrange, rêve pourtant d'une tout autre situation. Depuis l'adolescence, elle désire obtenir un CAP de cuisine. Vœu pieu quand on ne maîtrise pas notre langue. Au-delà de ses carences en français, Joëlle a semble-t-il été freinée dans ses ardeurs par sa famille. C'est un euphémisme de dire que ses parents ne l'ont pas soutenue dans ses études. Ils n'ont visiblement été que brimades, sa maman surtout, refusant de lui financer les quelques fournitures requises pour s'inscrire en école hôtelière quand elle en avait l'âge : une paire de chaussures correctes, une jupe, un corsage blanc.

Lorsque nous parlons de leur enfance respective, Joëlle s'avère la plus bavarde des trois. Un flot de paroles s'échappe de sa bouche, comme si elle rattrapait des années de silence. *Incapable, baudet, paillasse, feignante,* les mots qu'elle utilise pour décrire ses jeunes années sont inimaginables pour qui a vécu une enfance si ce n'est heureuse, en tout cas normale. Joëlle, comme Thierry, se retrouvait enfermée dans sa chambre quand ses parents recevaient des amis ou de la famille. Elle était préposée aux tâches ménagères, regardant ses frères et sœurs partir s'amuser pendant qu'elle restait à la maison. Froidement, Joëlle m'avoue n'avoir absolument rien appris de ses parents. Pire encore, ils n'ont jamais prodigué de soins à leur progéniture. Jamais elle n'est allée chez le médecin ou le dentiste alors qu'elle souffrait de terribles maux de tête que je comprendrai vite. Aussi incroyable que cela puisse paraître, avant que je ne la rencontre, Joëlle n'a jamais possédé de brosse à dents. Elle a dû vivre avec une bouche truffée de caries, ce qui explique sa dentition calamiteuse.

À l'école, elle a vécu le même cauchemar que Marie-Agnès et Thierry. Incapable d'apprendre, Joëlle n'aimait pas les professeurs qui la punissaient sans cesse, la reléguant elle aussi au fond de la classe, comme on le fait avec les cancres quand ils nous sortent par les yeux.

Au soir de cette discussion, j'appelle une amie psychanalyste. Un élément me manque. J'ai besoin de comprendre ce qui s'est produit chez les enfants qu'ils étaient pour qu'ils deviennent des adultes illettrés. Par quel processus les traumatismes passés ont-ils engendré cette conséquence commune ? Je devine ce que me répondra mon amie mais je n'ose poser de mots sur l'horreur que je pressens. La réponse est sans équivoque. À l'âge où l'on est a priori disponible pour apprendre – disons entre sept ans et le début de l'adolescence –, Marie-Agnès, Thierry et Joëlle n'avaient pas d'espace psychique pour cela. Ils étaient tellement préoccupés par leur problématique familiale qu'il n'y avait pas de place dans leur cerveau pour intégrer les programmes. Ces trois enfants ont passé leur scolarité sur la position *veille*, comme si le malheur qu'ils vivaient au quotidien les empêchait d'écouter voire d'entendre, au sens de comprendre, et de digérer ce que leurs camarades apprenaient souvent facilement.

On les a traités d'idiots, d'incapables, à la maison comme à l'école, alors qu'ils n'étaient que chagrin. Face à moi, dans cette ancienne salle de classe, j'ai le résultat d'années d'incompréhension et d'aveuglement de la part des familles, des voisins et de l'Éducation nationale. Ce qui me touche par-dessus tout, c'est l'émotion qui les envahit quand ils découvrent leur trajectoire commune. Philippe et moi nous étonnons qu'ils n'aient jamais abordé ce sujet ensemble. Carole, la directrice de l'association, nous confiera que cela n'a rien de surprenant. Les apprenants discutent peu entre eux. La honte prend le pas sur tout. Ils ne se plaignent jamais de leurs carences, ne s'en ouvrent qu'aux quelques proches en qui ils ont une confiance aveugle, et ne voient visiblement pas l'intérêt d'échanger, pour entrevoir, peut-être, l'origine de leurs problèmes ou imaginer des solutions pour s'en sortir.

Joëlle est l'une des rares à venir quotidiennement à l'association pour y suivre ses cours ou simplement discuter, rendre service ou au contraire demander de l'aide. Tous les autres ne s'y rendent qu'une ou deux fois par semaine. Ils passent une heure avec un bénévole et repartent immédiatement, souvent sans lever la tête pour saluer leurs comparses. Comme les autres, les premiers mois, elle se recroquevillait sur elle-même, imaginant devenir invisible parce qu'elle gardait le regard braqué au sol, à l'image de ces enfants qui croient être cachés en posant simplement la main sur leurs yeux. Le manque de mots obstrue la communication. Joëlle avait l'angoisse incessante de ne pas comprendre ce qu'on lui demandait. La crainte d'être en permanence à côté de la plaque vis-à-vis de ses interlocuteurs la poussait à s'enfermer dans un profond mutisme. Hors de chez elle, elle traversait la ville comme un fantôme, une ombre insignifiante qui ne mérite pas d'être vue. Persuadée de ne ressembler à rien, elle faisait peu de cas de son accoutrement et enfilait chaque matin un survêtement trop grand, une tenue qui selon elle la faisait ressembler à *un gamin*. Elle se nourrissait très mal, n'ayant pas appris les bases d'une alimentation saine. En toute logique, ses kilos superflus étaient devenus la preuve criante de sa laideur et de son inutilité.

Au fil des mois, avec l'aide de Carole et des bénévoles, non seulement Joëlle est devenue bavarde, mais elle a pris conscience de son corps et de sa féminité. Jamais elle n'avait ressenti le besoin d'être séduisante, de se plaire dans le reflet du miroir ou dans le regard de son époux qu'elle aime pourtant plus que tout. Plus Joëlle progressait dans la lecture et plus s'opérait une douce métamorphose : une coupe de cheveux digne de ce nom, l'achat de quelques pantalons pour abandonner définitivement les bas de jogging informes. Elle a également appris à relever la tête. Comme elle le dit justement, *quand on a la tête baissée, on ne voit que le trottoir.* Elle a raison, Joëlle. Ça n'est pas très intéressant, un trottoir. Regarder la vie dans les yeux, voilà ce qu'elle désire désormais.

Les cadres de l'association ont vite compris qu'au-delà de l'orthographe et du calcul, la culture est cruciale dans la reconstruction de ces êtres meurtris. Régulièrement, des sorties sont organisées dans les villes environnantes. Être illettré sous-entend souvent que l'on n'a pas son permis de conduire, que l'on n'ose pas emprunter seul un transport en commun, de peur de se perdre. Dans ces conditions, il est quasiment impensable de quitter sa commune, parfois même son quartier. À l'époque, Joëlle n'a jamais pris le train de sa vie. Elle est totalement ignorante de son environnement proche.

Désormais assoiffée de connaissances, Joëlle est parmi les premiers inscrits à une visite du zoo de Lille, la plus grande ville de la région, située à seulement quatre-vingt-trois kilomètres d'Aulnoye-Aymeries. Évidemment, elle n'y est jamais allée. Quand nous nous retrouvons à la gare d'Aulnoye, je devine que nous allons passer un moment mémorable. Joëlle est aux anges à la perspective de quitter sa ville quelques heures. La poussière d'indépendance qu'elle s'octroie lui donne des ailes. Avec son pantacourt, sa casquette pour se protéger du soleil de juin, ses baskets et son sac à dos, elle a l'air d'une adolescente sur le point de partir en colonie de vacances avec ses copines. Ce premier trajet en train la ravit. Elle salue la vitesse de l'Intercités, *bien pratique quand même.*

À l'arrivée en gare de Lille-Flandres, Joëlle s'immobilise en posant un pied sur le quai. Bouche bée, la tête vissée au plafond, elle est éblouie par la beauté et l'immensité de la charpente métallique qui nous domine. Comme en plein air, il y a des pigeons qui volent au-dessus de nous. Après quelques pas, elle marque un nouvel arrêt. La fin des rails l'interpelle autant qu'elle l'effraie. Je dois alors la rassurer. Non, il n'y a jamais eu d'accidents, tous les trains freinent et s'arrêtent sagement en arrivant. Oui, on appelle ça un terminus. Face à nous, à quelques mètres, c'est la ville. Alors, pour repartir, les trains doivent rebrousser chemin. Nous ne sommes pas encore sortis à l'air libre que nous pourrions nous aussi faire demi-tour tant Joëlle en a déjà pris plein les yeux.

Elle n'est pas au bout de ses surprises. Aux portes de la gare, des enfants font la manche assis sur le trottoir, la main tendue. Joëlle n'a jamais vu de mendiants. L'idée même de migrants lui est étrangère. La violence de cette pauvreté ordinaire la choque terriblement. Où sont leurs parents ? D'où viennent-ils ? Pourquoi font-ils ça ? Je n'ai pas le temps de lui répondre qu'une nouvelle découverte chasse la précédente. Elle me désigne les immeubles qui nous font face. De type haussmannien, ils n'excèdent pas six étages. Pourtant, Joëlle me confie qu'ils lui rappellent New York – en tout cas l'image qu'elle s'en fait, et qui semble solidement ancrée dans son esprit. Elle les trouve très beaux, très grands, ces bâtiments. Est-ce que des gens y habitent ? Visiblement oui, puisqu'une serviette est en train de sécher sur un balcon. Je m'amuse avec Joëlle de cette litanie de questions. Sa mine renfrognée, son accent du Nord et son sourire en coin me ravissent. Elle sait qu'elle me fait rire, je ne m'en cache pas. Mais je réponds à ses questions patiemment, comme on le fait avec un enfant en état de perpétuelle découverte.

Au zoo, elle trépigne à l'idée de voir en vrai des animaux qu'elle n'a jamais admirés qu'à la télévision. Insatiable, elle assomme de questions les soigneurs de perroquets. Joëlle a des pigeons en cage chez elle et rêve d'acheter un oiseau exotique, *mais c'est si cher.* Elle rit devant les tapirs et leur nez grotesque, affiche une moue dégoûtée face au vivarium des serpents. Quand nous arrivons dans le quartier des singes, elle marque un arrêt devant une race de primates dont j'ai oublié le nom mais pas le faciès ratatiné.

— Il s'est pris une porte dans la gueule, celui-là ?

Le regard de Joëlle sur le monde est souvent décalé, mais l'intérêt qu'elle porte aux choses qui l'entourent la rend infiniment touchante. À presque cinquante ans, elle découvre la vie et sa somme de détails apparemment insignifiants pour nous, hommes et femmes instruits. Ce serait à pleurer, si elle n'avait pas cette candeur et ce second degré qui m'amusent tant. Le fait d'être enfin lettrée bouleverse totalement sa vision du monde. Sachant lire, écrire et compter convenablement, elle veut tout savoir, sur tout. Joëlle devient maîtresse de son destin et compte bien avoir la main désormais.

Depuis peu, elle fait ses courses seule. Elle en était incapable quelques mois auparavant. Ne pouvant déchiffrer une liste de commissions, elle achetait toujours les mêmes produits, rangés dans les mêmes rayons du supermarché, s'empêchant ainsi de varier ses menus et ceux de sa famille. Quand elle changeait de magasin ou que les étagères avaient été modifiées, elle demandait de l'aide à ses fils ou aux vagues connaissances qu'elle finissait toujours par dénicher au détour d'une allée. Joëlle évitait au maximum les inconnus à qui elle refusait d'avouer qu'elle ne savait pas lire. Si elle n'avait pas le choix, un petit mensonge sur l'oubli de ses lunettes de vue à la maison lui donnait le droit d'accoster le premier client venu et sauvait la situation. Joëlle ne porte des lunettes que depuis peu de temps, mais qui pouvait le savoir à l'époque ?

Quand elle n'avait pas de *lecteur* sous la main, Joëlle devinait la nature des produits grâce aux illustrations sur les emballages. Nous n'y prêtons guère attention mais il y a toujours une pluie de petits grains blancs sur les paquets de sucre en poudre, des haricots verts ou du maïs sur les boîtes de conserve et une brochette fumante sur les chips goût barbecue. Les fabricants passent des heures en séance photo pour allécher le chaland avec des mets suintant de gras, aux couleurs éclatantes. S'imaginent-ils sauver les repas de plus de deux millions d'illettrés ? Grâce à cette béquille, Joëlle nourrissait sa famille.

Ne restait plus que l'épreuve de la caisse. Incapable de faire un chèque ou une carte bleue, Joëlle ne payait qu'en liquide. Donner la somme exacte à la caissière lui étant impossible, elle sortait à chaque fois un gros billet de son porte-monnaie, conservait le ticket et, une fois rentrée à la maison, elle demandait à ses fils ou son époux de vérifier qu'il n'y avait pas d'erreur.

Une après-midi, Joëlle et moi jouons à la marchande dans la cour de l'association à l'aide de billets de Monopoly. Comme deux gamines, après la formule d'usage : « Bonjour madame, qu'est-ce que je vous sers ? », nous testons ses connaissances en calcul mental. J'achète, et Joëlle me rend la monnaie. Après avoir révisé les dizaines et ces satanés *soixante-dix* et *quatre-vingt-dix* – visiblement compliqués à mémoriser –, j'en conclus qu'elle peut s'en sortir. Pourtant Joëlle continue inlassablement de me répéter qu'elle ne sait pas compter. Elle a le même discours à propos de la lecture. J'ai beau la contredire, elle n'en démord pas. « Tu lis mieux que moi », me répond-elle. C'est vrai, indéniablement. Il n'empêche qu'aujourd'hui, elle et moi sommes deux lectrices. Comme les anciens obèses qui s'imaginent toujours en surpoids, un illettré gardera toujours en lui les stigmates de son handicap passé. Il restera toujours et encore un piètre lecteur même si l'illettrisme n'est qu'un lointain souvenir.

Marie-Agnès nous racontera quelques mois après ce tournage qu'elle fait régulièrement un cauchemar durant lequel elle est incapable de lire la moindre ligne. Ce traumatisme est définitivement ancré dans leur mémoire à tous, les rappelant sans cesse à l'ordre, les réduisant pour toujours – c'est ce qu'ils pensent en tout cas – à leur ancien état de *sous-individus.*

Ce sentiment de honte tenace, je l'ai perçu chez tous ceux avec qui j'ai échangé durant mon séjour à

Aulnoye-Aymeries. Y compris chez Pierre, un père de famille que nous avons rencontré le jour de notre départ. Cet après-midi-là, un orage s'abat sur la ville, nous faisant payer la chaleur des jours passés. Il pleut des cordes. Calfeutrés dans une salle de classe, nous discutons longuement. Pierre a hésité avant d'accepter de nous voir, et ce pour une raison évidente : il est salarié d'une entreprise de la région et ses employeurs ignorent qu'il est illettré. Il a fini par répondre favorablement à notre demande mais désire garder l'anonymat, requête que nous lui accordons sans hésiter. Il lui est inconcevable d'avouer son handicap à ses collègues et encore moins à ses supérieurs. S'ils l'apprenaient, il démissionnerait sur-le-champ, nous dit-il la gorge serrée. Je comprends d'autant mieux ses réticences à accepter notre caméra.

Pierre fait partie des adultes illettrés qui ont la chance de travailler. En effet, sur les deux millions et demi de Français victimes de ce mal, seule la moitié a un emploi, pour des raisons que l'on conçoit aisément. Ce que j'ai plus de mal à comprendre, c'est pourquoi on ne se mobilise pas plus pour les autres. Plus d'un million d'hommes et de femmes pourraient avoir accès au travail – encore faudrait-il que travail il y ait, mais c'est un autre débat –, si ce fléau était pris à bras-le-corps par les pouvoirs publics. Les associations comme celle que dirige Carole sont trop rares au niveau national. Alors on laisse ces milliers d'individus, incapables d'écrire la moindre lettre de motivation, alourdir les chiffres du chômage. Le problème semble inextricable. Des parents, chômeurs de longue durée et illettrés, ont les pires difficultés à pousser leurs enfants à travailler à l'école et donc à se former correctement à un futur métier, engendrant ainsi des chômeurs en puissance. Ce cercle vicieux, contre lequel je n'ai malheureusement pas de solution, est par bonheur contredit par des hommes comme Pierre.

Au sein de son usine, la directrice des ressources humaines est la seule personne à qui il se soit confié, après avoir vu une affichette dans un atelier, et compris qu'il s'agissait d'une campagne de sensibilisation à l'illettrisme. Elle l'a écouté sans aucun jugement mais visiblement surprise, avant de lui parler de Mots et Merveilles. Il suit des cours depuis à peine un an et a déjà fait d'énormes progrès. Je le crois aisément, Pierre fait preuve durant notre entretien d'une intelligence et d'une vivacité d'esprit bluffantes.

Quand je m'étonne du fait que ses collègues et supérieurs ne soient pas au courant de ses énormes lacunes en français, Pierre sourit. À part son épouse – à qui il a tout de même caché la vérité pendant les premiers mois de leur relation – et désormais sa DRH, personne ne sait rien. Lors des réunions familiales ou entre amis, il s'arrange toujours pour s'éclipser au moment de signer une carte d'anniversaire. Sur son lieu de travail, c'est la même stratégie de l'évitement qui revient.

Quand il a été embauché comme ouvrier non spécialisé, une quinzaine d'années en arrière, personne ne l'a interrogé sur son niveau de français. Petit à petit, parce qu'il a toujours travaillé sérieusement, Pierre est monté en grade. Au quotidien, il a développé toute une série de petits arrangements, comme autant d'écrans de fumée pour masquer la réalité.

Il arrive par exemple qu'il ait à remplir des bordereaux une fois sa tâche terminée. S'il réussit tant bien que mal à lire les chiffres et les lettres, Pierre ne sait pas écrire et nous révèle même savoir depuis peu de temps ce qu'est un verbe. Pour contrer ce manque, il s'entraîne à tracer les mots dont il devine qu'on lui demandera de les écrire le lendemain. La vie en usine a cela de pratique qu'elle est souvent sans surprise. Si par malheur on lui réclame de rédiger une note, même brève, et qu'il est pris au dépourvu, Pierre prétexte une envie pressante et confie cette tâche à un de ses collègues. Enfin, s'il se retrouve au pied du mur, Pierre *fabrique des mots.* Au fil des années, il a mis au point un stratagème qui nous laisse pantois quand il nous le détaille, très posément, comme un enfant qui trouverait naturel de résoudre un problème de mathématiques incompréhensible. Pierre a mémorisé certaines inscriptions – pour lui il ne s'agissait pas encore de mots – telle que celle affichée au-dessus de la porte menant à l'extérieur. Il en a conclu qu'il s'agissait très certainement du mot *Sortie.* Ne restait plus ensuite qu'à décliner ce nom en verbe ou à en recycler chaque syllabe, pour créer de nouveaux mots.

Quand il nous décrit cette stratégie imparable, je ne peux m'empêcher de m'en étonner, éberluée par son savant culot. L'illettrisme ne rend pas vicieux, il rend intelligent, nous rassure-t-il. Cependant, même s'il a développé durant des années des méthodes plus astucieuses les unes que les autres pour s'en sortir, c'est pour ses enfants qu'il a décidé de sauter le pas en repartant de zéro. Pierre veut pouvoir suivre la scolarité de ses filles, qu'il souhaite plus heureuse que la sienne. Une fois encore, son parcours scolaire m'horrifie. Après avoir redoublé la grande section de maternelle – l'absurdité de cette décision me laisse encore sans voix –, on lui a fait sauter le cours préparatoire, cette année primordiale durant laquelle on apprend les bases de la lecture, de l'écriture et du calcul.

À l'époque de notre rencontre, Pierre a gagné en assurance. Il imagine même un jour réaliser son rêve : apprendre le métier de pâtissier. Mais sa plus grande fierté est bien plus intime. Depuis quelques mois, avant de partir pour l'usine, Pierre peut enfin écrire *je t'aime* sur une feuille arrachée à un carnet et déposée près de la cafetière à l'intention de son épouse.

Exprimer son amour est une épreuve insurmontable quand on n'a pas les mots. Le manque de confiance en soi, doublé de l'incapacité à former des phrases, annihile tout sentiment ou en tout cas sa représentation.

Marie-Agnès a elle aussi souffert de cette atrophie des sentiments. Élevant seule Daniella et Camille, elle n'a trouvé que récemment le moyen, encore maladroit parfois, de leur dire combien elle les aime. Un soir, chez Marie-Agnès, mère et filles s'ouvrent auprès de nous de cette carence en amour dont elles ont été victimes.

Camille, la plus grande, est une excellente élève. Passionnée par le Japon dont elle dévore la littérature et notamment les mangas, elle a dû quitter Aulnoye et intégrer un internat pour apprendre le japonais au lycée. Camille est une jeune fille gaie, bavarde et ouverte, capable de passer du rire aux larmes comme seuls les adolescents savent le faire. Elle nous dit rêver depuis toujours d'une carrière d'écrivain, sans jamais avoir fait le lien avec l'illettrisme passé de sa maman. Elle analyse autrement ce besoin viscéral de lecture et d'écriture. Quand elle était enfant, à la demande insistante de Marie-Agnès, Camille passait des heures à recopier des lignes d'écriture, sans but, uniquement parce que sa mère lui intimait l'ordre de le faire. La maman illettrée pensait ainsi éviter à sa fille de reproduire un schéma malheureux. Marie-Agnès n'a jamais eu l'idée d'expliquer à Camille pourquoi elle la maintenait des après-midi entiers face à ses cahiers. L'enfant pensait être punie, sans raison. Elle en a longtemps voulu à sa mère de ne pas lui avoir suffisamment parlé, même si grâce à cette méthode barbare elle a su lire avant six ans.

Daniella, la cadette, est plus discrète que sa sœur. Collégienne aux cheveux courts et bruns, elle a un humour plus froid que son aînée, susurrant ses blagues quand Camille parle haut et fort. Elle est, a priori, plus proche de Marie-Agnès que Camille, vivant encore sous le même toit qu'elle. À la suite de graves problèmes de santé qui ont entraîné des absences répétées, Daniella connaît une scolarité chaotique. Afin de réduire son retard en classe, Marie-Agnès l'a inscrite à l'association. Quand je l'interroge sur les années passées, avant que sa maman ne réapprenne les mots, Daniella me répond simplement qu'autrefois, à la maison, il n'y avait pas d'*atmosphère*. Le terme n'est évidemment pas le plus approprié, il est cependant extrêmement clair. Les deux filles ont grandi auprès d'une mère nourricière qui préparait les repas, les envoyait à la douche et les accompagnait à l'école, mais, selon les propres mots des filles, cette mère *n'existait pas*. Marie-Agnès traversait l'appartement familial comme un zombie, s'enfermait des heures dans sa chambre, incapable de passer un moment d'intimité avec ses deux filles. Désormais elles ont une *vraie maman* qui, si elle ne les étouffe pas encore de baisers, sait au moins les écouter et échanger avec elles maintenant qu'elle a le vocabulaire pour exprimer ses sentiments.

L'illettrisme a été nommé cause nationale en 2013. Je l'ignorais quand nous avons décidé de nous intéresser à ce thème. Qui le savait, tant ce fléau s'est fait discret cette année-là, comme les précédentes et les suivantes me semble-t-il ? Les nombreux bénévoles croisés en trois semaines nous ont livré un discours assez pessimiste quant à l'éradication de ce mal, même s'ils sont contredits par des chiffres qui baissent légèrement au fil du temps.

En revanche, certains signes poussent à l'optimisme, comme la renaissance qui s'opère chez ceux qui ont eu la force de prendre leur destin en main. Pendant quelques mois, Philippe et moi sommes retournés filmer Joëlle, Thierry et Marie-Agnès pour les besoins d'un second documentaire. Leurs progrès sont considérables. Désormais, Joëlle et Thierry se chargent seuls de leurs dossiers administratifs. Joëlle prête même main-forte à une de ses voisines pour remplir certains papiers, un progrès inespéré dont elle ne tire pas spécialement de fierté. On l'a accompagnée pendant des années, elle aide à son tour sans se poser de questions. Son contrat de femme de ménage arrivé à terme, Joëlle se prépare aux épreuves qui lui permettront de s'inscrire, enfin, en CAP cuisine. Elle a également appris à mieux se nourrir. Depuis qu'elle varie ses menus, Joëlle a perdu quelques kilos.

Comme Marie-Agnès, elle ose montrer ses jambes et a fait l'achat de quelques robes et jupes. Les deux femmes ont également appris les rudiments du maquillage. Dorénavant, elles prennent soin d'elles et ont investi pour la première fois de leur vie dans l'achat d'une crème hydratante. Camille a obtenu son baccalauréat haut la main. Quant à Daniella, elle est passée en classe supérieure, en filière professionnelle. Elle veut devenir aide-soignante.

Carole, la directrice de Mots et Merveilles, a réussi a conserver la subvention du conseil régional pour l'année à venir. Elle court cependant toujours après l'argent, le sourire aux lèvres et les mots pour le dire.

Enfin, en juin 2016, Joëlle est devenue grand-mère pour la première fois. Son petit-fils s'appelle Zéphyr. Un prénom qui non seulement comptabilise pas mal de points au Scrabble mais qui de surcroît n'est pas facile à écrire. Ce n'est plus un problème pour Joëlle.

La cour des MIRACLES

14 septembre 2016. Je m'apprête à faire un bond de deux ans dans le passé pour rédiger ce chapitre consacré à mon passage dans un service d'urgences hospitalières. Les informations à la radio me ramènent brusquement à la réalité : la Coordination nationale infirmière appelle à la grève en cette journée ensoleillée. Cet été, alors que les vacanciers étaient abreuvés des déconvenues d'une poignée de femmes en burkini qui se demandent peut-être encore ce qu'on leur reprochait, cinq infirmiers et infirmières se sont donné la mort parce qu'ils ne supportaient plus leurs conditions de travail. L'un d'entre eux s'est suicidé dans l'hôpital qui l'employait à Toulouse. Une manière froide et claire de pointer du doigt la cause de son mal. Face au relatif silence des médias et de son ministre de tutelle, le personnel soignant a décidé d'exprimer sa colère. À force d'heures sur le pont à bosser toujours plus vite malgré les pénuries d'hommes et de matériel, les infirmiers mais aussi les médecins n'en peuvent plus. Leur meilleure arme pour se défendre : la

qualité indéniable des soins prodigués dans les hôpitaux français et dont ils craignent la disparition si on ne les écoute pas. Ils descendent dans la rue par peur de ne plus nous soigner convenablement. De quelque bord politique que l'on soit, c'est une parole qui devrait pouvoir s'entendre. Pourtant, le mal est récurrent.

Deux ans auparavant, accompagnée de Richard, réalisateur, et de Pierre, ingénieur du son, je découvre le CHU de Lyon-Sud, un établissement qui compte près de cinq mille employés. Une banderole appelant à une grève quelques jours plus tôt nous accueille. Elle me fait sourire tant elle confirme les informations glanées avant notre arrivée. Le système hospitalier français soigne du mieux qu'il peut et il peut souvent beaucoup, qu'on soit riche ou pauvre. Mais le personnel se réduit comme peau de chagrin, il manque de place et souvent de matériel, il s'épuise à interpeller en vain des administrations préoccupées par leurs finances. Pour comprendre la réalité du terrain, je m'apprête à devenir aide-soignante durant trois semaines.

Xavier, le médecin chef des urgences, a accepté notre présence après accord de sa hiérarchie. Notre souhait est d'échanger avec les salariés de ce service. Tout simplement. Richard et moi nous ne sommes pas en quête d'images tapageuses. Depuis une décennie, nos écrans sont envahis de sirènes et de musiques angoissantes qui montent en épingle le moindre incident vécu par les brigades de la BAC, les pompiers ou le SAMU. Il est inutile d'ajouter notre pierre à ce bruyant édifice. En revanche, nous exigeons d'être maîtres de nos mouvements comme si j'étais un membre à part entière du personnel. Xavier a compris tout cela, je crois même qu'il s'en félicite. Âgé d'une quarantaine d'années, il a gardé un physique d'adolescent. Très mince, brun, le teint dramatiquement pâle, il ne dit jamais un mot plus haut que l'autre et semble toujours parfaitement serein, ce qui a dû sauver bien des situations. À la tête d'un service qui reçoit quotidiennement une centaine de malades, il bataille depuis de longs mois pour bénéficier de locaux moins vétustes et plus spacieux. Il a visiblement été entendu puisque des travaux sont prévus pour le début de l'année 2015, quelques semaines après notre départ. Nous allons donc devoir nous fondre dans ce drôle de décor : des salles trop petites, mal agencées, avec des couloirs flanqués de bâches en plastique tendues ici ou là pour masquer des stocks de matériel en attente du déménagement à venir.

Une petite route en pente mène aux urgences. Elle est triste à mourir, coincée entre l'un des bâtiments les plus anciens du CHU – celui qui nous accueille – et un hôpital pénitentiaire ultramoderne, bardé de barreaux et surveillé en permanence par des policiers armés. Les cendriers près des antiques portes d'entrée débordent de mégots et de gobelets de café à moitié vides. Les murs sont aussi gris que sales. Nous avons fui Paris parce qu'on nous proposait de tourner dans des établissements flambant neufs, vitrines idéales pour rassurer le grand public. À Lyon-Sud, nous nous apprêtons à vivre trois semaines dans un service certes peu flamboyant, mais fidèle à la réalité.

Passé le seuil peu avenant, on accède à une salle d'attente telle qu'on les imagine. Nous avons tous séjourné quelques heures aux urgences, pour des motifs plus ou moins graves. Je défie quiconque de raconter cette expérience sans décrire l'angoisse qui l'a étreint en découvrant la tristesse des lieux. Le hall est dénué de couleurs, c'en est presque surprenant. Malgré les dépenses autrefois engagées dans des peintures vert amande ou mauve, on dirait que les pigments ont préféré faner au contact des murs plutôt que d'assister impuissants à ce défilé de malades. Quelques sièges accueillent une poignée de chanceux, les autres font les cent pas en se rongeant les ongles. Au fond de la pièce se trouve un long comptoir surmonté d'une vitre derrière laquelle deux secrétaires recueillent l'identité et la nature des maux de ceux qui sont venus par leurs propres moyens. Les autres, plus mal en point, arrivent en ambulance ou avec les pompiers et sont déposés directement dans un sas équipé de brancards. Enfin, il existe une troisième rampe d'accès, par le ciel : les cas les plus graves sont transportés par hélicoptère. Du toit du bâtiment, ils bénéficient d'un accès direct et rapide au bloc opératoire. Autrefois, ce qu'on appelle l'accueil piétons n'était pas vitré, mais les violences récurrentes en ont décidé autrement. J'en entendrai parler à maintes reprises durant mon séjour :

la cloison transparente a été installée après qu'un homme a déposé une femme en sang sur le comptoir. Sa femme. Il venait de lui tirer dessus.

Il est environ neuf heures quand je découvre mon nouveau lieu de travail. Une aide-soignante m'indique le bureau de Sylvie, l'infirmière en chef, ma tutrice durant ces vingt et un jours. Elle est en conversation téléphonique quand je frappe à sa porte. Sylvie est souvent au téléphone, sans cesse sollicitée par ses équipes ou par l'administration. Blonde, les cheveux courts, elle affiche un sourire permanent malgré sa fonction plus qu'accaparante. Le bureau qu'elle partage avec son adjointe est envahi de dossiers et de plannings, éparpillés sur sa table de travail ou punaisés aux murs. Après m'avoir expliqué le fonctionnement du service, Sylvie m'informe de mon emploi du temps pour la première semaine. J'effectuerai les mêmes rotations que mes collègues, me joignant aussi bien à l'équipe de jour, qui prend ses fonctions à 7 heures pour repartir à 19 heures, qu'à l'équipe de nuit qui la relaie. J'occuperai un poste d'aide-soignante et non d'infirmière. Je n'ai de diplôme pour exercer aucune de ces deux professions, mais les aides-soignants n'ayant pas le droit de prodiguer des soins médicaux, cette tâche m'incombe plus naturellement. Viennent ensuite les difficultés inhérentes à ce métier. Le service des urgences est un monde à part, même au sein d'un hôpital. Il peut être violent, le rythme y est décousu mais souvent apocalyptique. Par expérience, je sais que les paroles de mise en garde de mes garants sont bien en deçà de la réalité. Encore ignorante de ce qui m'attend et désireuse de rassurer mon interlocutrice, j'opine en souriant. Sylvie m'accompagne ensuite au vestiaire pour me confier mon nouvel uniforme. Elle vérifie que je porte des chaussures confortables, parce qu'*ici, on marche beaucoup.* Après m'avoir jaugée rapidement, elle me demande quelle est ma taille de vêtements. Sans attendre ma réponse, elle conclut par cette phrase sans appel : *Remarque, peu importe, nous n'avons que du M.* Dans le commerce, ce M correspondrait à un bon XL. Je ris intérieurement en pensant à un film formidable que je viens de voir : *Hippocrate,* de Thomas Lilti. Le personnage principal, interprété par Vincent Lacoste, est un jeune interne qui fait ses premiers pas à l'hôpital, perdu dans une blouse beaucoup trop large pour lui et maculée de taches. *Des taches propres,* d'après la personne qui la lui fournit. Me voilà à mon tour affublée d'une veste et d'un pantalon blancs bien trop grands pour moi. Bienvenue à l'hôpital.

Sylvie et moi arpentons des couloirs aux parois délavées, peinturlurées de coquille d'œuf, cette non-couleur qui hésite toujours entre le jaune pâle et le vaguement beige. J'ai la sensation que je ne me repérerai jamais dans ce dédale. Nous saluons des infirmiers, des brancardiers à qui Sylvie me présente. Enfin, nous pénétrons dans le cœur du réacteur. Les urgences s'ouvrent sur l'accueil doté d'un comptoir vitré. Derrière, c'est une ruche. Un sas permet aux véhicules de pompiers, du SAMU ou aux ambulances de déposer les personnes incapables de se déplacer par leurs propres moyens. Une douzaine de brancards y est mise à disposition, ce qui est rarement suffisant. Régulièrement, nous devrons en emprunter à d'autres services de l'hôpital. Une fois allongé, le malade attend dans un premier couloir assez large, une sorte de place de village où se croisent à longueur de journée le personnel du service, des policiers, pompiers, ambulanciers ou des maris inquiets à qui l'on permet d'embrasser leur épouse souffrante quelques minutes. De ce couloir, on entre dans une pièce où s'effectue un premier diagnostic. S'y trouvent un aide-soignant et un infirmier. Le patient est ensuite conduit dans un second couloir qui n'en est malheureusement plus un. Au fil du temps, il est devenu une vaste salle d'attente où les malades poireautent parfois plus de dix heures, avant d'être transférés dans un des six box dédiés aux médecins et aux soins proprement dits.

Ma première matinée, je la passe à accueillir les personnes couchées. Je fais équipe avec Virginie, une brunette pétillante et drôle, et Delphine, une des infirmières que je seconderai régulièrement. Delphine travaille là depuis sept ans. Elle s'exprime toujours très calmement, mais cette maîtrise apparente masque un stress latent qu'elle ne tarde pas à me décrire. À mon grand étonnement, Delphine bouillonne en permanence. « Mais ça ne sert à rien de courir », me dit-elle. « Si nous courons, les gens s'affolent. Et ça, c'est très mauvais aux urgences. » Les deux jeunes femmes ont pour mission de m'apprendre les rudiments de mon nouveau métier. Quand une personne arrive, on prend son identité. Il faut ensuite la déshabiller, réserver ses vêtements dans un sac en plastique qui l'accompagnera sur son brancard pendant tout le temps de sa prise en charge. Comme un nouveau-né, on équipe le malade d'un bracelet sur lequel figure son nom ainsi qu'un code qui lui est propre. L'infirmière le questionne pendant que l'aide-soignant effectue ces gestes pratiques. « Où avez-vous mal ? Sur une échelle de 1 à 10, vous diriez que vous avez mal comment ? » S'il semble pris de boisson, elle essaie de connaître la quantité ingurgitée, ce qui nous offrira quelques motifs de fous rires, comme avec ce SDF visiblement habitué du service. « Alors, avec mon camarade, nous avons d'abord bu un litre de vin rouge chacun, auquel il faut ajouter quarante centilitres de whisky pour moi. Vous avez bien noté, mademoiselle ? Quarante centilitres de whisky ! » Cet inventaire à la Audiard n'a évidemment rien de drôle, il est même dramatique. Mais ce monsieur nous a été amené après un raz-de-marée humain, nous étions tous exténués par notre journée. Oui, nous nous sommes amusés de la précision de ses propos. Est-ce mal ? Je ne sais pas. En revanche, en rire est à l'évidence salvateur.

Virginie et Delphine m'indiquent également les gestes précis à accomplir pour relever les paramètres de chacun. Déshabillage, prise de tension et de température ; je vais répéter ces actes des centaines de fois en trois semaines. Comme toujours, ils deviendront vite automatiques. Delphine me fait également une recommandation qui va m'aider à supporter de longues heures passées à piétiner. « Achète des bas de contention », me conseille-t-elle tout en soulevant son pantalon pour exhiber les siens, longues chaussettes blanches censées compresser la jambe pour favoriser la circulation sanguine. L'achat de ces accessoires affreux me sera effectivement d'un précieux secours.

Un flot de gens débarque à bord des véhicules les plus variés. Camions de pompiers, ambulances privées, SAMU et taxis déversent chez nous près d'une centaine de personnes ; une dame âgée est tombée chez elle la veille au soir en voulant ramasser une balle de tennis – nous ne saurons jamais si elle dit vrai ; un trentenaire souffre de l'abdomen ; une femme a de terribles maux de tête, doublés de nausées et de vomissements. Je dois tenir sous son visage un haricot, récipient en papier mâché gris dans lequel elle crache régulièrement. Honteuse, elle nous avoue uriner un peu à chaque fois qu'elle vomit. Elle est âgée d'une cinquantaine d'années, et cette incontinence soudaine la met extrêmement mal à l'aise. Nous lui proposons une protection urinaire, qu'elle accepte sans nous jeter un regard. Les filles me surveillent du coin de l'œil, de peur que je ne vomisse à mon tour.

Par chance, j'ai toujours eu le cœur bien accroché. Étudiante, j'ai travaillé quelques étés dans une maison de retraite, en tant que femme de ménage puis comme aide de nuit. De 20 heures à 6 heures du matin, je secondais une infirmière pour effectuer les derniers changes du soir, puis nous remettions ça au petit matin. À vingt ans, j'ai appris à manipuler les personnes âgées, ces corps douloureux et parfois lourds qu'il faut manier avec le plus de délicatesse possible. Merde, pisse et vomi rythmaient ces gardes de nuit. Cette expérience qui me semblait appartenir au passé me revient en mémoire au contact de cette femme. Dès lors qu'il est pris en charge hors de chez lui, un malade se retrouve très vite dans un état qui peut lui paraître dégradant. On le prive de ses effets personnels pour l'affubler d'une blouse ouverte au dos qui laisse trop souvent apparaître une intimité qu'on s'ingénie à cacher habituellement. On l'allonge, ce qui lui interdit quasiment tout mouvement. Souvent le patient a peur de souffrir, peur qu'on lui apprenne qu'il est atteint d'une terrible maladie. Il préférerait être chez lui auprès des siens et fuir ce brancard aux draps rêches et à l'odeur inconnue. Les paroles, les gestes réconfortants peuvent apaiser ses angoisses. Je l'ai également expérimenté à l'occasion d'un précédent *21 Jours* auprès de malades d'Alzheimer. Tous n'étaient pas forcément atteints physiquement – encore que le grand âge entraîne immanquablement des douleurs diverses –, ils étaient en revanche très amoindris par cette terrible maladie qui grignote la mémoire. J'ai alors pu constater qu'une caresse sur la main, une petite blague, tout cela faisait un bien fou.

Face à cette femme, à l'image de mes collègues et même si le spectacle est désagréable, je m'efforce donc d'être la plus naturelle possible, nullement dégoûtée des gestes qu'elle m'oblige à faire. Nous plaisantons sur son âge, qu'elle ne fait pas. Pour un temps au moins, elle évacue le stress qui la submergeait quelques minutes plus tôt. Nous sommes là pour elle, quel que soit son état. Pour elle et malheureusement aussi pour les autres. *Malheureusement*, parce que le temps manque cruellement pour s'occuper convenablement de tous.

Après un rapide diagnostic, nous accompagnons les patients dans le couloir qui tient lieu de salle d'attente. De chaque côté sont alignés des brancards sur lesquels des gisants plus ou moins abîmés espèrent une prise en charge rapide. Ils sont parfois plus d'une douzaine, déposés là des heures durant au milieu d'un brouhaha où se mêlent les voix des soignants, les hurlements de malades alcoolisés ou psychotiques, ou simplement les gémissements de ceux qui souffrent. Un râle permanent plane sur cette salle. J'ai vécu trois semaines dans cette ambiance sonore sans y prêter attention et ne m'en suis réellement rendu compte qu'après mon départ, en visionnant les images. Pourtant, le grondement de la douleur est constant. De ce couloir, on accède aux box dans lesquels les médecins pratiquent les examens, administrent les premiers traitements, avant de renvoyer l'intéressé chez lui avec une ordonnance ou de le diriger vers un autre secteur de l'hôpital. Encore faut-il pour cela qu'il y ait de la place pour le recevoir. Les situations les plus compliquées à dénouer surgissent avec les personnes âgées. En France, elles représentent un tiers des gens admis aux urgences, une part énorme. La plupart souffrent de maux chroniques et ne devraient pas passer par ce service : une très longue attente est catastrophique quand, comme elles, on est en proie à de multiples douleurs. Si elles arrivent dans un relativement bon état, des heures passées allongées sur un brancard les diminuent grandement. Malheureusement, un vieillard qui vit seul n'a parfois pas d'autre possibilité que d'appeler le SAMU, qui le dirige inévitablement vers nous. Quant à ceux qui résident en maison de retraite – souvent dénuée d'un médecin à demeure –, ils sont balancés aux urgences comme on se débarrasse d'une patate chaude qui vous brûle les doigts. Delphine me raconte que de nombreux enfants en charge de leurs vieux parents les fourguent dans le service le vendredi soir, pour des motifs parfois fumeux, afin d'être plus libres le temps du week-end. La vieillesse est décidément un naufrage, et les urgences un radeau qui prend l'eau de toutes parts. La plupart de ces papis et mamies n'ont a priori rien à faire là. Mais dès qu'une personne se présente, les urgentistes sont dans l'obligation de la prendre en charge. Ils dressent alors la liste des maux dont souffrent Alfred ou Simone, avant de chercher un lit où les hospitaliser. Mohamed, Pierre, Xavier, Tina, Marion et les autres médecins du service s'arrachent régulièrement les cheveux. Les services de gériatrie étant pris d'assaut, Simone peut atterrir en cardiologie parce que c'est le seul endroit où on peut l'accueillir. Ce long couloir de l'attente est donc engorgé d'octogénaires dont j'essaie tant bien que mal de m'occuper.

Ça tombe bien, j'adore les vieux. J'ai du mal à l'expliquer mais l'expérience m'a prouvé, dans la vie et au fil des tournages, que j'ai un réel penchant pour eux. Mains piquées de taches, doigts pétris d'arthrose, carrures d'oisillons, mutisme ou bavardages incessants, lassitude ou fierté d'avoir atteint un âge canonique, tout m'émeut chez les personnes âgées. Étant donné mon absence cruelle de connaissances, je ne peux pas grand-chose pour eux d'un point de vue médical. En revanche, je fais de mon mieux pour glisser un petit mot en passant, caresser une main ou un bras frêle, raconter une bêtise pour extirper un sourire parfois édenté. Je vante le galbe parfait de jambes sans âge ou le bleu sublime d'un iris délavé. Pour cela, il faut du temps et c'est une denrée rare. Non seulement tous ces pépés créent de dramatiques embouteillages mais ils sont terriblement chronophages. Avec les plus âgés, les aides-soignantes doivent se charger du nursing. Il faut changer leurs protections, effectuer une toilette complète en cas d'accident ou vider régulièrement les urinaux ; une tâche simple qui va rapidement m'incomber. Tout sourire, Delphine me montre comment vider ces récipients. La bizuth que je suis écoute attentivement les modalités de nettoyage de ces pots de pisse. Dans une petite remise se trouve une machine à laver dont l'unique usage est de vider et laver les urinaux. La seule difficulté réside dans le bon placement de l'objet dans l'habitacle. S'il est mal positionné, le liquide se déverse en partie sur vous. Voilà, entre autres tâches, comment je me rends utile durant ces trois semaines : en pliant des vêtements dans un sac en plastique ou en vidant des urinaux. Ça semble peu de chose. C'est pourtant un métier, celui des aides-soignantes.

Josiane est l'une d'entre elles depuis vingt-cinq ans. Comme ses collègues, elle gagne environ mille deux cents euros nets par mois. Pour rien au monde elle ne voudrait exercer une autre profession. « J'étais faite pour ça », dit-elle. Josiane est une grande et belle femme, maquillée avec soin, son carré blond est toujours impeccable. Régulièrement, nous effectuons des gardes ensemble. Quand je m'étonne qu'elle n'ait jamais voulu tenter une autre carrière, elle semble surprise. Les odeurs entêtantes, les cris, les couches, les violences quotidiennes : rien ne la décourage. Je lui fais remarquer que de nombreuses jeunes filles sont aujourd'hui rebutées par ce type de tâches, poussant la provocation jusqu'à lui dire que c'est un métier peu reluisant. Josiane s'en moque. Elle n'est pas médecin, elle n'est même pas infirmière. Ça lui est égal. Ce qu'elle aime par-dessus tout, c'est le soir, quand elle fait le tour de *ses* patients dans une sorte de filiale des urgences : quelques chambres individuelles qui servent à accueillir les plus âgés une nuit ou deux. Quand repas et médicaments sont pris, elle trouve le temps de parler, loin du tumulte des urgences proprement dites. Josiane a un mot pour chacun, rassure ceux qui angoissent comme les enfants à la tombée du jour, accompagne aux toilettes les plus faibles, frictionne les dos pour prévenir des escarres. Josiane est un maillon primordial de cette machine infernale, même si elle paraît noyée dans une fourmilière humaine. Elle était de garde quand un homme a déposé sa compagne ensanglantée sur le comptoir de l'accueil, quelques années auparavant. La violence de cette scène l'a traumatisée de longues semaines. Le souvenir de cette femme blessée, de l'homme l'abandonnant là comme un chien qu'on vient de percuter en voiture sont des images qui l'ont hantée longtemps. Malgré cela, elle est revenue jour après jour.

Josiane est rassurante. Elle l'est avec les patients, à qui elle s'adresse chaleureusement sans les infantiliser, avec une juste dose de maternalisme dans la voix. Rassurante, elle l'est également avec moi. Un soir, des policiers nous amènent un homme extrêmement agité qu'ils viennent d'interpeller dans la rue. Sous l'empire de l'alcool ou de psychotropes, voire les deux, il insulte quiconque s'avise de croiser son regard. Plusieurs policiers sont nécessaires autour de son brancard pour l'empêcher de fuir ou de frapper la première personne venue. Comme toujours quand un individu anormalement nerveux entre dans le service, une grande partie du personnel accourt pour faire front. Depuis son arrivée, l'homme vocifère et couvre d'insultes les policiers qui l'entourent. « Police Pôle emploi ! Tous à Pôle emploi ! Fermez vos gueules ! »

Partagée entre envie de rire et anxiété face à tant d'agressivité, j'accompagne le groupe de soignants et de policiers jusqu'à un box où il est d'usage d'isoler les cas difficiles. La logorrhée continue. À son tour, la pauvre Delphine en prend pour son grade. « Face de mort, va sucer tes morts ! Dégage, je veux plus te voir, m'adresse plus la parole ! Madame la bac + 2, je vous chie à la gueule ! »

Delphine m'envoie des œillades tout en essayant de calmer l'homme. Elle a depuis longtemps appris à mettre sa susceptibilité de côté. Ils sont au moins six ou sept autour de l'énergumène à tenter de sangler son corps nerveux. Parmi eux se trouvent Daniel et Michel, deux grands gaillards, aides-soignants, que je me réjouis de savoir auprès de nous, même s'ils se font copieusement insulter eux aussi. Démunie, je les observe, désormais gênée de voir ce patient ligoté à son lit et effrayée à l'idée qu'il ne s'échappe.

En un claquement de doigts, la routine des urgences peut être bouleversée par ce type d'incident. Ils sont nombreux durant mon séjour. Cette machine pas si mal rodée est tout à coup dédiée à un seul individu qui, s'il n'est pas mis hors d'état de nuire, peut s'avérer dangereux pour les autres. Cette scène infernale me semble durer des heures.

En réalité, en quelques minutes le patient est relativement apaisé par le tranquillisant qu'on lui a injecté. Le silence revenu, la lassitude de l'équipe se fait sentir. Alors que mes collègues ne pensaient qu'à la précision de leurs gestes, sachant exactement quoi faire et où se placer pour ne pas recevoir de coup, tous s'affairent désormais pour remettre de l'ordre dans la pièce dévastée. Nous ne sommes plus que trois ou quatre autour du brancard, les autres sont retournés à leur poste, auprès des malades qu'ils avaient soudainement abandonnés. Delphine et Josiane s'inquiètent de la façon dont la novice que je suis a vécu l'esclandre. Pour avoir été elles aussi débutantes, elles savent que la vision d'un individu qu'on entrave n'est pas anodine, aussi violent soit-il. Je les rassure tout en admettant que j'ai effectivement été heurtée. Le fait de réduire physiquement un homme fait partie de leurs attributions officielles. L'acte peut paraître choquant, c'est pourtant la seule option pour assurer la sécurité du personnel et des patients.

Reste enfin à savoir si, oui ou non, Delphine a l'intention d'aller sucer ses morts. Ce soir au moins, nous avons tous enrichi notre vocabulaire.

Après une dizaine de jours, je prends conscience de mon faible moral. Elle est étrange cette période charnière, ce moment que je commence à connaître et où tout bascule. Il sonne souvent le signal d'un changement en moi. Peu à peu, je me perds ; ne subsiste alors qu'une sorte de vide que je tente de combler par le travail. Pour être tout à fait honnête, au mitan de ce tournage, je suis profondément déprimée. J'évolue dans un milieu étranger, sans formation technique ou psychologique, j'imagine toujours le pire quand arrive un blessé dans un piteux état. Côtoyer chaque jour une centaine de malades est une épreuve. Même si j'ai le cuir épais, je paie forcément mon manque d'expérience. De plus, les horaires sont violents, physiquement et moralement. Nous sommes au mois de décembre, je ne vois donc quasiment pas le jour puisqu'il fait nuit quand je prends mon poste à 7 heures mais aussi quand je sors de l'établissement à 19 heures. Quand je rentre après une nuit de garde, j'ai perdu toute notion du temps. Dois-je me coucher ou engloutir un vrai repas dans la maison que nous partageons, Richard, Pierre et moi ? Les jours passant, je m'égare totalement dans ce décalage horaire.

Au milieu de ce flot continu d'humains plus ou moins amoindris, un patient me déstabilise particulièrement. Je fais alors équipe avec Christine, une infirmière qui entame sa vingt-septième année dans le service. L'homme en question est brun, les cheveux coupés court, il n'est pas très grand mais massif. Il doit avoir une soixantaine d'années. Admis depuis peu, il nous est présenté très rapidement. J'ignore la nature de son mal quand nous refermons la porte du box pour prendre soin de lui. Il est essoufflé et souffre de nausées. Tout en lisant le diagnostic effectué par nos collègues, Christine l'interroge. Elle débute par l'habituelle question, celle qui permet de vérifier l'identité du malade mais aussi de s'assurer qu'il est en pleine possession de ses moyens.

— Quel est votre prénom, monsieur ?

— Neuf... Huit... Neuf... Sept...

Son regard est désespéré. Conscient de l'ineptie de sa phrase, il est incapable de répondre à cette question, aussi simple soit-elle. Il s'excuse auprès de nous, comme si nous pouvions lui en vouloir de cette erreur. L'émotion commence à me gagner. Le malade que je redoutais tant est face à nous. Je ne pouvais l'éviter, il fallait qu'il y en ait un. Christine appelle le service de radiologie pour prévenir de notre besoin urgent d'un scanner. Elle me charge d'accompagner le patient avec une autre aide-soignante. Durant les deux minutes qu'il nous faut pour atteindre la radiologie, au sous-sol de l'hôpital, je murmure quelques phrases qui se voudraient rassurantes. Cette fois-ci, le cœur n'y est pas. Arrivés à l'étage du scanner, on nous fait immédiatement entrer. C'est dans ce genre de situation que le terme d'urgence prend toute sa signification. Ma collègue et moi glissons le corps dans l'appareil à imagerie. L'homme tente encore de nous parler, mais aucune parole intelligible ne sort de sa bouche. La gorge sèche, je m'évertue à ne pas croiser son regard. Le radiologue nous prie de le rejoindre à l'abri des rayons, dans une pièce vitrée attenante à la salle de scanner. Les yeux rivés sur l'écran de contrôle auquel je ne comprends absolument rien, j'écoute le médecin. Du doigt, il effleure les images qui s'affichent devant nous et m'explique qu'il n'y a pas d'hémorragie cérébrale mais certainement un important caillot de sang qui expliquerait la difficulté du malade à s'exprimer. Il faut rapidement le transférer dans un service neurologique de pointe. Le plus proche est à Bron, à dix-huit kilomètres de là. Depuis mon arrivée, j'appréhendais une quelconque allusion à cet établissement. Voilà qui est fait. Il y a trente-trois ans, mon père est mort dans cet hôpital.

La tête rentrée dans les épaules, le regard rivé au sol, je reconduis le patient à l'étage où l'attend déjà une ambulance. Tant bien que mal, j'essaie de masquer la tristesse qui me submerge. Comme cela m'est déjà arrivé à de multiples reprises, je nage en pleine schizophrénie. Quelle est ma place ? Comment gérer mes émotions ? On apprend l'objectivité dans les écoles de journalisme, le reporter doit s'effacer face à son interlocuteur, gommer au maximum son parcours ou ses croyances. Comment lutter contre soi dans de pareilles circonstances ? Pour mener à bien cette collection, je m'obstine à être en permanence à l'écoute, curieuse, drôle parfois, active toujours. Je ne m'oblige à rien, c'est comme ça que je vois les choses. Malheureusement, parfois, je ne vois plus rien. Deux minutes à l'air libre, une cigarette et ça repart. Pour la leçon de journalisme, je n'ai rien de mieux à proposer.

Du haut de ses vingt-sept années d'expérience, Christine comprend mes errements et mon moral vacillant. Avec le temps, elle a appris à relativiser, à laisser au vestiaire les visages déformés par la douleur, l'angoisse des proches ou la violence de certains patients. Elle refuserait une autre affectation. J'ai pourtant la sensation que ce service est un des plus insoutenables de l'hôpital. Le trop-plein de malades et la fugacité de leur passage, que je perçois comme des défauts, sont des atouts pour certains de mes collègues. Le fait d'être débordée plaît à Christine. Ailleurs le rythme est plus irrégulier, les après-midi peuvent s'avérer ennuyeuses. Il arrive que les gestes médicaux soient peu variés et donc moins intéressants pour les infirmières. De plus, elle préfère cette valse incessante qui évite de s'attacher aux malades. Moi qui m'amourache du premier papi venu, je comprends ce qu'elle veut dire. Travailler auprès d'enfants cancéreux des semaines durant – les voir mourir parfois – est évidemment plus complexe émotionnellement. Dans cette cour des Miracles que sont les urgences, un malade chasse l'autre. Il faut des jours pour s'acclimater à ce va-et-vient incessant, mais quand on y est habitué, le quotidien devient passionnant.

Ce service possède un réel intérêt sociologique que je n'aurais pas imaginé avant de l'intégrer. Au fil des jours, l'évidence me saute aux yeux : tous les dysfonctionnements de notre société sont concentrés dans les quelques centaines de mètres carrés au sein desquels nous évoluons. Depuis des décennies, chiffres à l'appui, on nous rabâche que la France vieillit. Malgré cela, chaque jour nous sommes submergés de personnes âgées. Il faudrait créer de nouveaux lits pour désengorger les urgences mais l'argent manque. Depuis le plan Hôpital 2007, une tarification à l'activité est entrée en vigueur. Un barème fixé par l'assurance maladie établit des tarifs pour chaque acte. Une opération de la prostate ou de l'appendicite, voilà qui rapporte : des interventions chirurgicales rapides mais lourdement facturées, alliées à une ou deux nuits seulement d'hospitalisation. Un vieux coûte cher en nuitées, en main-d'œuvre et donc en masse salariale. Une mamie au cœur fatigué, à la circulation sanguine vacillante, ça ne s'opère pas forcément. Il faut en revanche la surveiller comme le lait sur le feu des jours durant. La France vieillit, on la regarde faire et les urgences explosent. Un problème similaire se pose avec les cas psychiatriques. Il existe des services d'urgences spécialisés ou des centres d'accueil de crise. Trop peu nombreux, ils sont pris d'assaut. Enfin, les sans domicile fixe viennent eux aussi grossir les rangs des habitués du service. On les accueille pour des bobos qui dégénèrent, souvent en état d'ébriété, avant de les renvoyer dans ce nid à microbes qu'est la rue où ils se remettront certainement à picoler pour surmonter l'insupportable, en attendant leur prochaine visite.

Résultat, les urgentistes prennent soin d'un accidenté cérébral, d'un vieillard tout cabossé ou d'un SDF, le tout dans les mêmes locaux et idéalement en un temps record dès lors que d'autres cas se pressent à la porte. Aux urgences, on soigne mais on passe aussi énormément de temps à coller des pansements sur une jambe de bois, ce qui pourrait en décourager plus d'un.

Tina et Marion sont médecins. Après l'internat, les deux trentenaires ont choisi la voie des urgences pour la diversité des soins mais aussi parce que ce service jouit d'une solide réputation auprès des futurs praticiens. Un soir, j'observe Marion. Alors qu'elle est en train de jongler entre des dizaines de malades tout en passant de précieuses minutes pendue au téléphone pour dénicher des lits inoccupés dans différents services – transformant son métier de soignante en celui de commerciale –, elle me confie en souriant que « c'est l'aura du service public. On soigne trop bien les gens, alors ils veulent tous venir chez nous ! » Ce n'est pas le salaire qui a attiré les deux jeunes femmes. Après dix ans d'études, Tina et Marion gagnent environ quatre mille euros nets par mois. Elles devraient normalement effectuer quarante-huit heures par semaine, qui se transforment fréquemment en soixante-dix ou quatre-vingts heures, quand elles se trouvent dans l'obligation de multiplier les gardes faute de personnel. À Lyon-Sud, cinq postes de soignants n'ont pas été remplacés ces dernières années. Un jour que nous sommes toutes trois attablées à la cafétéria de l'hôpital, elles me racontent ne pas avoir envie de vieillir aux urgences. Ce rythme épuise nerveusement et physiquement les plus vaillants. Elles sont toutes deux mères de famille et je me demande bien quand elles ont la chance de profiter de leurs enfants tant j'ai l'impression de les voir sans discontinuer. À l'époque, Tina évoque la possibilité de retourner vivre dans son Sud natal pour y reprendre un cabinet de médecine générale. Un mal pour un bien : la France manque cruellement de généralistes.

Malgré la fatigue, les cris et la sensation permanente d'être sali par la manipulation de corps inconnus, il nous arrive de nous amuser. Une nuit, avec Sandrine, Christine, Delphine et quelques autres, nous profitons d'une accalmie pour casser la croûte dans la salle de garde. Entassés dans cette pièce exiguë, nous gardons un œil sur les malades allongés et pour la plupart assoupis. Chacun a apporté de quoi manger. Une assiette en carton sur les genoux, nous causons. Les uns parlent de leurs enfants, des fêtes de fin d'année qui approchent à grands pas. Christine râle mollement sur leurs conditions de travail sans toutefois abandonner cette bonne humeur qui m'épate tant. Elle rit d'elle-même en mesurant le temps passé aux urgences. Dire qu'elle pensait rester seulement trois ou quatre ans avant de changer de service, ou mieux, avant de décrocher le Graal : dans les années 1980, comme ses copines fraîchement sorties de l'école d'infirmières, elle imaginait épouser un jeune et beau médecin, travailler quelque temps puis lever le pied pour élever ses enfants. J'ai du mal à croire à cette légende un peu archaïque, avant d'être vivement contredite par mes collègues.

« Bien sûr qu'on voulait un médecin ! » Plan de carrière totalement loupé pour chacune d'entre elles. Dans un éclat de rire, Christine nous avoue avoir raté sa vie le jour où elle est tombée amoureuse de celui qui allait devenir son mari, un ouvrier. Passé ce trait d'humour, elle ne s'apitoie pas sur son sort : le couple travaille, la famille est heureuse. De plus, les gardes du soir mettent un peu de beurre dans les épinards. Aides-soignants et infirmiers ont droit à une augmentation du tarif horaire qui équivaut à neuf euros par nuit. À cela s'ajoutent d'autres primes assez étranges qui déchaînent les rires ce soir-là, particulièrement chez moi. En cas de décès dans le service, un agent est appelé à effectuer le transport du corps jusqu'au funérarium de l'hôpital. Il touche alors 0,46 euro d'indemnité pour aider à l'autopsie et 0,67 euro pour la toilette mortuaire. Je suis atterrée par l'existence de ces primes mais par-dessus tout, je trouve leur montant absurde. J'aimerais comprendre comment on fixe de telles sommes. On donne à un aide-soignant environ cinquante centimes par mort. C'est à peine le prix d'une demi-baguette. La comparaison amuse mes collègues. Avant qu'une petite nouvelle ne leur fasse remarquer, ils n'avaient jamais vu ce bonus sous cet angle.

Dimanche 16 octobre 2016, j'achève la rédaction de ce chapitre. Cette nuit, plusieurs membres des urgences de l'hôpital Gustave-Dron de Tourcoing ont été violemment agressés par l'entourage d'un malade. Ce serait un fait divers parmi d'autres si des images de couloirs bondés, des visages ou des odeurs ne me revenaient immédiatement en mémoire. Le temps passe. Et rien ne change.

Épilogue

Au commencement de l'écriture de ce livre, j'ai reçu un appel téléphonique de Gérard le Calaisien, rencontré lors de *21 Jours à l'aveugle*. Nous étions sans nouvelles l'un de l'autre depuis un an au moins. Gérard n'avait pas le moral. Il venait d'être officiellement reconnu adulte handicapé. Se savoir dorénavant rangé dans cette catégorie lui était insupportable, le ramenant sans cesse à cette cécité qu'il n'acceptait toujours pas.

Gérard était hospitalisé dans une clinique du Sud de la France, région où il vivait désormais avec son épouse Dina. Il se reposait depuis un mois dans cet établissement après avoir à nouveau tenté de se suicider. J'ai regretté de ne pas lui avoir parlé plus tôt. Peut-être aurais-je eu la chance de le faire rire, de le bousculer un peu, pour le moins de lui changer les idées ? Mais Gérard ne me téléphonait pas seulement pour m'apprendre cette douloureuse nouvelle. Il se passait autre chose. J'étais loin de mesurer l'ampleur de ce qu'il allait m'annoncer.

— Ma petite Alexandra, figure-toi qu'au moment où je te parle, je vois.

J'ai bondi, criant à tue-tête dans le combiné. La surprise avalée, j'ai réclamé à Gérard un récit dans les moindres détails. Récit qui demandait de remonter un peu dans le temps.

Au cours des quatre années précédentes, Gérard avait subi deux opérations chirurgicales légères. La dernière, au coude, datait de deux mois avant son appel téléphonique. Lors de chaque intervention, on lui avait injecté une dose de carbocaïne, un produit présent dans certains anesthésiants locaux. Les deux fois, Gérard avait recouvré la vue l'espace de huit à quarante-huit heures. Je tombais des nues. J'ignorais qu'il avait déjà vécu, avant notre première rencontre, ce type d'expérience aussi miraculeuse que déstabilisante, la vue disparaissant comme elle était revenue, sans crier gare.

Gérard avait revu. Il s'en était évidemment ouvert aux neurologues et anesthésistes qui le suivaient alors. Pour une raison inexplicable, ils avaient tous refusé de le croire. Gérard avait perdu la majeure partie de son champ visuel à cause d'une lésion neurologique, après plusieurs AVC. En théorie, la machine était donc cassée à jamais. L'un d'eux lui avait même conseillé de consulter un gourou, pour mieux le faire taire. Le tact de certains médecins est décidément épatant. Gérard était donc rentré chez lui, honteux, de passer pour un fou.

Depuis sa récente tentative de suicide, Gérard était suivi par deux psychiatres, au sein de la clinique dans laquelle il séjournait encore. Il leur avait exposé l'effet supposé de l'anesthésiant sur son système de vision. Les deux praticiens ont été les premiers à l'écouter, les seuls à s'efforcer de percer ce mystère de la médecine. Ils venaient de mettre en place une batterie de tests pour vérifier les dires de leur patient. Indéniablement, les jours où on lui injectait la carbocaïne à faible dose, Gérard revoyait. Ce n'était pas le cas quand – sans le tenir au courant au préalable – on la remplaçait par un simple sérum physiologique.

La science n'aime pas les miracles, ils n'entrent pas dans son champ lexical. Concrètement, et d'après ce que j'ai pu comprendre au fil des mois qui ont suivi, la carbocaïne aurait un effet sur la région du cerveau affectée lors de l'accident de Gérard. Habituellement, cette région est inhibée par la lésion neurologique, mais le produit aurait le pouvoir de lever cette inhibition.

Quelques jours après notre conversation téléphonique, Gérard et moi nous sommes revus, ou disons plutôt qu'il m'a vue, pour la toute première fois. Dans sa chambre, à la clinique, nous n'en menions pas large.

Aujourd'hui, Gérard bénéficie régulièrement de ces injections, leur efficacité dure une dizaine de jours. Il aimerait faire partie d'un protocole médical, afin que d'autres victimes d'accidents cérébraux puissent eux aussi bénéficier des effets de la carbocaïne. Ce n'est pas le cas, en dépit de ses demandes répétées.

Quelle que soit l'explication scientifique, une opération bénigne du coude a rendu ses yeux à Gérard. Je trouve la vie parfois difficile à traverser, mais ce type d'événements la rend, me semble-t-il, bien plus praticable. Par bonheur, les gens normaux n'existent pas. Et, décidément, l'incongruité me fait du bien.

Remerciements

L'auteur remercie plus que chaleureusement Guylaine Loquet, Pascal Manoukian, Fabrice Puchault, Anne Roucan, Alexandre Marionneau, Sophie Tonelli, Alexis Marant (P'tit Pèèèèère), Philippe Lagnier, Richard Puech, Stéphane Jacques, Pierrick Morel, Jérôme Alexandre, Sam Caro, Julie Magic Pellet, Cyrielle Wonder Adam, Alix Maunou, Pierre Begon-lours, Florent Villereau, Gaëtane Bodinel, Olga Penot, Gaëlle Pidoux, Marie Dubois, Gaëlle Agrapart, Eva Schiapello, Delphine Billy, Marine Maget, Karim Ouarti, Emmanuel Candela, Olivier Ghis, Stéphanie Bisutti, Clément Boutin, Sylvain Ménard, Michèle Sebbag et tous mes camarades de l'agence Capa pour m'avoir supportée tout au long de ces films.

Martine Boutang, Cécile Ladjali, Christian Bouclier, Emmanuel Carrère, Walter Glassof et le grand Stéphane Million pour les quelques lignes qui précédent.

Et enfin ma famille et mes très chers amis pour leur soutien, diurne et nocturne…

TABLE

Composition et mise en pages
Nord Compo à Villeneuve-d'Ascq

Achevé d'imprimer en janvier 2017
dans les ateliers de Normandie Roto Impression s.a.s.
61250 Lonrai (Orne)
N° d'édition : 55836/01 - N° d'impression : 1605665
Dépôt légal : février 2017

Imprimé en France